壓力/自救

運用正念，改變基模，擺脫一切痛苦感受

コーピングのやさしい教科書

日本洗足壓力調適・支援所所長、
國家認證心理師・臨床心理師
伊藤繪美——著　周奕君——譯

長長的前言——如何在每天的生活中應用這本書

自我介紹

您好，我是伊藤繪美。我在東京都大田區開設「洗足壓力調適及支援辦公室」，然後從這間私人諮商機構出發，展開諮商及心理健康相關活動。開設事務所之前，我也曾經在精神科診所和私人企業執業，經過大約三十年，和許多有煩惱或有心理症狀的人們（又稱「諮商者」）進行面談，協助他們舒緩情緒並克服內心的不適。

除了事務所的活動，我也會前往外部機關進行團體療法、支援心理健康諮商。具體來說，包括去監獄和保護管束單位，降低因性犯罪及濫用非法藥物遭逮捕者的再犯率，或是到私人企業協助維持及提高員工的心理健康。

無論是時常煩惱或出現心理疾病症狀的人、犯下不法行為被逮捕的人，以及在私人企業中兢兢業業工作的上班族，乍看之下，這些人似乎處在不一樣的困境，但其實本質上都面臨著同樣的問題。關鍵就出在「壓力」（stress）。我都會在出席的活動以及和諮商者等人面談時，傳達「**感受到壓力時的自我照顧**（**self care**）**思考與技巧**」。

壓力的自我照顧很重要！

只要我們活著，就避不開壓力，所以我們必須練習和壓力相處。事實上，自己的壓力不可能丟給別人來承擔，當然，我們也不可能代替別人去承受壓力。因此，「**自我照顧**」是相當重要且不可或缺的觀念。所謂自我照顧，其實是一種「**自我幫助**」。這也意指，「面對壓力的自我照顧」即是覺察自己的壓力，然後好好幫助自己。人活著就免不了會有壓力，因此不管是誰，都要知道如何在面對壓力時自我照顧。我在進行辦公室的諮商、監獄和保護管束單位的團體療法，或是私人企業的心理健康活動時，都會傳達這樣的觀念與技巧。

關於自我照顧，須要認知到相當重要的一點：**絕對不是「不須要依賴任何人幫**

忙，光憑自己一個人就能自我照顧」。我在書中會有更進一步的說明，在自我照顧的時候應該向誰求助，以及找家人或朋友談話等在自我照顧上都是非常關鍵的做法。我們須要彼此互助才能活在這個世上。如果我們能夠從與他人的關係中獲得幫助，並且得以照顧好自己就太好了。這個觀念非常重要，請大家務必謹記在心。

「自我調適」是關鍵！

我們面對壓力時的自我照顧，最關鍵的思考與技巧就在**「自我調適」**（這也出現在我經營的辦公室名稱中）。

所謂「自我調適」（coping），是由美國心理學家拉扎勒斯（Richard S. Lazarus）提出，於一九八〇年代廣泛為世界接受**「有意識地應對壓力」的心理學術語**。最近日本不少媒體也常談到「自我調適」。事實上，全球心理學領域中，針對「自我調適」早已進行各式各樣的研究，並應用在許多家企業、學校及諮商現場，在自我照顧上取得了實際的成效。

調適的意思是，**一一覺察各式各樣的壓力來源或因刺激而產生的反應等等，然**

後有意識地採取適當的應對方式。人生在世，不可能完全「消除」壓力。而且，人是獨立的個體，各自擁有獨一無二的個性，因此在壓力的感受程度上也會因人而異。也就是說，即使面對同一件事，有些人會感受到壓力，有些人卻不會。或是就算同樣感受到壓力，每個人的反應也截然不同。如果每個人對於壓力會出現不同的反應，在有意識的應對或調適上，也應該採取不同的方式。換言之，並不存在「針對這種壓力就採取這種調適方法」的公式化做法，無論是誰，都必須在一次次覺察自己的壓力後，妥善採取應對的策略。了解這一點，對調適壓力十分重要。

本書的架構

這本書為了幫助各位讀者採取、實行最適合自己的壓力調適方法，將以如下的架構呈現。

♥ 第一堂課　認識壓力的七個步驟

要想有效調適壓力，必須先覺察自身的壓力。這部分會介紹如何覺察壓力來源，以及感受身心狀態的七個步驟。

♥ **第二堂課　透過自我調適擺脫壓力！**

進一步說明該怎麼調適壓力，並介紹自我調適的觀念與實行方法，也會分享非常有幫助的「壓力調適法」。

♥ **第三堂課　請務必嘗試的五種自我調適**

雖然我們須要因應眼前不同的壓力，採取適當的自我調適方法，其中還是有能對所有情況發揮效果的「全能選手」。這部分將會詳細介紹。

♥ **第四堂課　接受、感受、放下的正念**

如果可以充分磨練五感，學會接受偶發事件與心態變化的正念，就不會受到壓力影響，常保內心處在「當下」的狀態。

♥ **第五堂課　覺察「基模」，更接近自我**

我們的內心深處長眠著一種源於童年經驗的「基模」（schema）這種認知架構。這裡要讓大家了解形成壓力遠因的基模，最終獲得一顆柔軟的心。

以上內容都是我針對目前每一位前來面談的諮商者所採取的方法，也會在外部單位進行團體療法及心理健康支援時，分享給現場的當事人。因此，讀者要是能實行這本書的內容，就可以收到和諮商或心理支援同樣的效果，**「覺察自己的壓力，實踐適合自己的壓力調適法，然後真正地自我幫助」**。我在書裡也會提到，無論是近期蔚為話題的**「正念」**，或是牽涉到內心深處的「基模」，調適也都在其中扮演舉足輕重的角色。

本書的目標讀者與使用方法

這本書是寫給每一個人的。不管是誰，都可能面臨壓力，因此所有人都須要知道如何調適壓力。不過我想簡單透過以下兩類讀者，說明這本書的目標讀者與使用方法。

♥ 深受壓力困擾的人……請務必為了自己閱讀這本書

對於面對壓力時常想著「怎麼做才能抒壓」「怎麼做才能幫助自己」的人，請務必拿起這本書，並**最好可以循序漸進地閱讀**。因為依序閱讀，可以更容易理解壓力的本質與調適壓力的方法。但我不是要各位將「整本書讀得多透徹不可」，這麼一想反而會在無形中帶給自己的壓力。我盡可能讓這本書的內容平易近人，但我很清楚，人們提不起精神時，再簡單的內容也不一定讀得進去。所以當你處在這樣的狀態，就算「快速閱讀一遍」也沒關係，但不妨多讀幾遍。第一次閱讀沒什麼感覺的內容，第二次、第三次來回再讀，說不定就會出現「啊，我懂了」這樣的體會。

書中所提到的各種方式，也**請務必實際操作**看看。如果能將這些內容記在備忘錄上，請拿筆直接寫下來。如果是要運用五感進行正念，切記要照著寫下來的做法，實際運用五感來體驗。**壓力調適是一種技術**，和彈鋼琴、開車或烹飪是一樣的。光是閱讀車輛操作手冊是學不會開車的，所以透過實際去做、確認效果非常重要。而且僅僅一次不夠，須要反覆練習。**我們口中的技術，只能透過不斷的練習與操作而習得**。因此，「姑且就試試看吧」「不妨再做一遍」的態度很重要。但是，各位並不須要投注過度的精力，或是強逼自己去實行這些方法。不要總擔心「我這樣做正確嗎」「有做好嗎」，輕鬆且持續去做才是最重要的。

如今，想必也有人對於內心壓力仍缺乏自覺。我到私人企業分享壓力護理（stress care）的方法時，常會遇到一些人對我說：「我沒有壓力」「我是不會有壓力的那種人」。如果你也像他們一樣，這本書依舊可能幫上你的忙。我們可以將這些人分為兩類：**一類是其實有壓力卻毫無所覺的人；另一類是能夠充分自我照顧的人**。以前者來說，我們須要更細膩地去感受生活中所面臨到的各種壓力。因為實際上我們並不是「沒有」壓力，而是「沒有察覺」到壓力。即使現在感覺沒問題，如果一直沒能覺察到內心積累的龐大壓力，將來就可能面臨身心崩潰的風險。這本書就是為了預防這樣的風險而誕生。而對於後者，這本書則要針對我們不自覺中建立的自我照顧機制進行重新確認。這可以將內心自我照顧的潛意識意識化，然後進一步鍛練出幫助自己的技術。練習的過程中，也有些人「雖然一直以來沒有意識到，但很高興地發現原來自己很善於自我調適」。就像這樣，接下來不妨透過進一步實際應用，讓我們的身心狀態變得愈來愈好。

我認為這本書也能幫助心理上有憂鬱、不安等相關症狀，前往身心診所或身心醫學科、精神科門診的患者回復身心平衡。那是因為實際上，我有許多諮商個案，還是會持續上醫院就診。除了去醫院，很多患者也會同時接受諮商，並透過壓力調適，提升自我照顧力，回復身心狀態。但慎重起見，我希望目前仍固定就診、同時使用本書的讀者，要**讓主治醫師知道你正在閱讀這本書，並且確認是否可以與診療**

搭配進行。如果取得主治醫師同意，也請務必於每次回診時簡單向醫師報告，例如「我現在正在進行這項練習」「我這麼做之後有這樣的感覺」等等。使用這本書的時候，要是主治醫師能成為各位心理上的「陪跑員」，想必會讓人更為安心。同樣地，我也期待諮商者能夠接受各位實踐這本書的做法，成為各位的「陪跑員」。

這本書也非常適合過去有憂鬱或不安等心理健康相關問題、如今已經回復的人。在心理健康上，即便身心狀況一度好轉，仍有復發之虞。而當處在憂鬱或不安的情緒中，各位要閱讀、同時使用這本書必然相當吃力，等身心稍微回復，且能喘口氣之後，實行起來將會輕鬆許多。**在回復的狀態下使用這本書，透過練習自我調適，不僅可以大幅降低復發的風險，也可以更加確認身心回復的程度**。

♥心理治療者、援助者、支援者……請先為了自己閱讀這本書，之後則可以應用在工作上。

我也希望和心理健康相關的心理治療者、援助者和支援者能夠善用這本書。這當中包括臨床心理學家、心理諮商師、心理醫師、看護師、心理保健師、臨床社會工作者、護理員、照護管理人員、照顧服務員等，針對諮商患者或當事人進行治療或援助的各類工作者。而目前為了從事這些職業、仍在學校就讀的學生們，當然也非常適合閱讀這本書。

閱讀時，請依照以下順序正確使用這本書。

一　首先，請為了自己打開這本書。

二　接著，請有效應用在治療或援助諮商患者及當事人身上。

我之所以提出這樣的順序是出於兩個原因。

第一個原因是，**從事人群服務的職業是以人為對象，壓力相對來說非常大**。所以在調適壓力上，各位絕對少不了要具備自我照顧的能力；第二個原因是，像各位這樣的專業人員首先就要「做好準備，隨時都能運用」調適的技巧。如此一來，在向患者或當事人說明時，才會更具說服力。我在前面說過，壓力調適是一種技能，因此須要從事人群服務的各位，將這項技能傳授給廣大有需求的人們。就像鋼琴老師擁有演奏鋼琴的技能，才能彈奏出美妙的琴聲；烹飪大師也因為出色的烹飪技巧，才能將料理訣竅教授給學生。同樣地，當我們要指導人們調適壓力，指導者本身自然須要通曉調適的技能，並且在日常生活中活用這項技能，透過自己的身心感受其效果。

即使是那些並非從事人群服務職業，或非屬專業人員的人，也可以推薦這本書給家人、同事等身邊的人；可能也有些人想在同儕輔導員（peer counselor）或同儕職員（peer staff）的陪同下使用這本書。無論如何，請各位盡量和家人、同事和當事人「一起實作」「共同感受」。藉由投入書中的協同工作，不僅可以習得自我調適的技能，也可以豐富彼此的交流過程。我長年觀察下來發現，與他人談論調適這件事本身，可以改善僵化的人際關係，甚至達到讓人際關係變得更充實的效果。

因此在團體治療、團體諮商，或是團體培訓等「團體」相關活動中，都可以使用這本書。當然，日間留院的患者也可以有效運用。我們不僅可以將這本書的內容加以流程化，也可以挑選書中適合的技巧在團體中實行。依我多次的經驗，團體成員共同進行調適時，會促進團體氣氛，過程也會變得更加融洽。

朝「自我調適」的世界前進！

其實我自己就深深受用於「自我調適」的思考與技巧。我的內心一點也不強大，很容易感到焦慮，或是變得不安沮喪。不只是心理上，壓力還會讓我拉肚子、蕁麻疹發作、頭痛……身體出現各種失調症狀。我經營諮商機構之後，各式各樣的壓力迎面而來，與此同時得照顧生病的家人，總是處在心力交瘁的狀態。儘管生活一團混亂，但我想，我之所以能夠持續自我調適，都是受惠於每天運用調適的知識與技能，得到了相應的幫助。正因如此，我更希望各位能夠懂得自我調適的技巧，並且有效利用在各位的生活中。

接下來，我期待各位不只是「閱讀」這本書，而是「使用」這本書。書盡其用，並且充分發揮內容的實用性，這也是身為作者的我寫書的初衷。

伊藤繪美

參考文獻

理查・拉扎勒斯（Richard S. Lazarus）、蘇珊・福克曼（Susan Folkman）（本明寬、織田正美、春木豐監譯），《壓力的心理學：認知的評價與應對研究》（ストレスの心理学——認知的評価と対処の研究），實務教育出版，一九九一年。

目錄

第1堂課

認識壓力的七個步驟！

第2堂課

透過自我調適擺脫你的壓力！

第3堂課

請務必嘗試的五種自我調適

第 4 堂課

接受、感受、放下的正念

第5堂課

覺察「基模」，更接近你自己

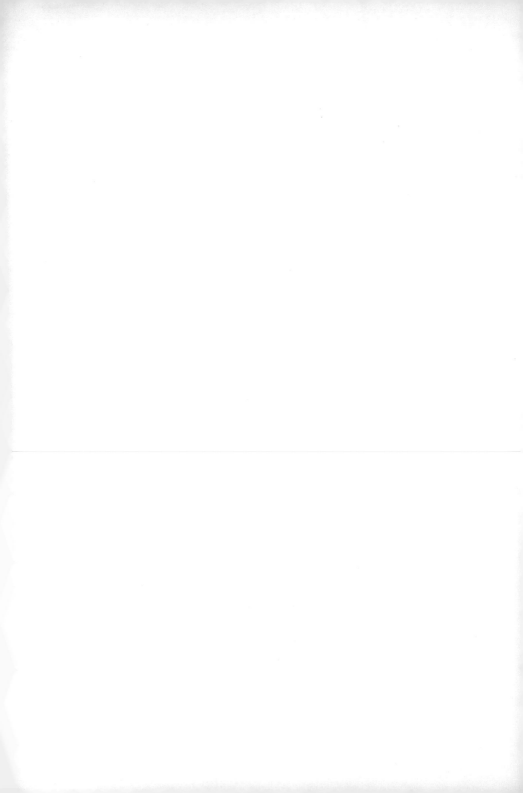

chapter

1

認識壓力的七個步驟！

壓力到底是什麼？

「新來的上司管得好多，壓力真大。」

「和蠢同事一起工作會累積壓力。」

「想紓壓只能靠吃了！」

就像這樣，「壓力」幾乎已經是我們日常用語的一部分。

但是，壓力到底是什麼？

正因為沒有肉眼可見的形體足以說明：「這就是壓力。」才讓人看不透「壓力」的真面目。

在心理學的世界，壓力可以區分成**「壓力源」**和**「壓力反應」**兩個面向。

所謂「壓力源」，指的是會讓你感到痛苦的各種**「壓力環境」**。包括來自「管太多的上司」或「笨蛋同事」等人際關係；「擠滿人的電車」「路上塞車」「施工噪音」等狀況，也如字面上是充滿壓力源的環境；此外，像是「結婚」「出社會」「升官」「生產」這類應當給予祝福的正面事件，也會因為環境變化或需負擔的責任而成為壓力源。

那麼，「壓力反應」指的又是什麼？

就是你在面對壓力源的時候，**「心理與身體的反應」**。例如「焦慮」「坐立難安」「沮喪」等心理反應，以及「胃痛」「喘不過氣」「心跳加快」等身體反應，都和壓力源有關。因此我們要理解到，**壓力必定是同時兼具「壓力源」與「壓力反應」**。

面對壓力源時的反應因人而異。舉例來說，即使面臨同樣「工作太忙」的處境，有些人會覺得壓力好大；有些人反而會視為一種「自我成長的管道」，心想「趁這個機會讓公司留下好印象吧！」而躍躍欲試。以後者來說，他並未將「工作太忙」這件事當成壓力源，當然也不會出現壓力反應。

也就是說，「壓力」無論是來源或反應上，都是極為個人的感受，無法簡單以「有壓力就這樣解決」的態度來處理。所以在自我調適中，**覺察自己的「壓力源」**

和**「壓力反應」是相當重要的第一步**。而唯有透過覺察，才能夠選擇適合自己的壓力調適法。這就像連得什麼病都不清楚，哪有可能選擇適合的藥物？我們應該要對症下藥。

自我調適也須對症下藥，**「面對這種壓力，就採取這種自我調適的方法」**，讓兩者間達到很好的搭配。但要記得，必然會**反覆出現「覺察」→「自我調適」、「覺察」→「自我調適」的狀況**。

不過，如果各位現在想要跳過Lesson 1、直接進入Lesson 2的練習，我還是希望大家再忍耐一下，堅定地按順序閱讀。

再來，我希望各位務必注意，**千萬不要累積「微小的壓力」**。覺察那些日常生活中微不足道的壓力很重要，這一點在心理學領域也已獲得實證。

有時候我們實在難以察覺那些微小的壓力，以至於將壓力置之不理。而最可怕的就是，明明意識到壓力卻「視而不見」。

我們往往會聽到「適度的壓力會讓人變得更努力」這種話，那也是一種自我控

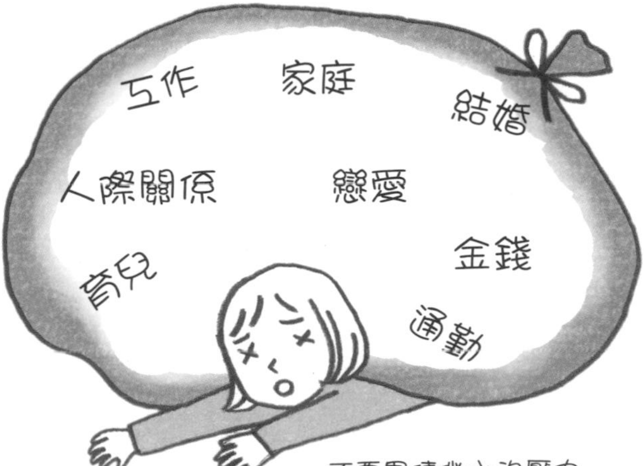

不要累積微小的壓力

制的方法。但是當無數微小的傷口累積起來，會讓內心的脆弱出現更大的缺口，即便原本只是一個微不足道的問題，隨時間流逝就會逐漸淤積在心底，然後可能會引起重大的身體或心理疾病。所以在「壓力」造成如此嚴重的後果之前，重要的是回頭審視自身的「壓力」，並了解到真正的問題所在。

最後再搭配適合自己的調適方法，並實際去做。

無限輪迴，壓力的惡性循環

關於覺察內心的壓力，心理學有個專業名詞叫做**「自我監控」**（**self-monitoring**）。請各位記得，當書中提到「監控」，指的就是「對於壓力的覺察、觀察與理解」。

我們口中的壓力，來自於成對出現的「壓力源」（環境）和「壓力反應」（心理與身體的反應）。而自我監控即是針對這兩者的覺察。尤其是壓力反應，必須區分成**「認知」「情緒．感情」「身體反應」「行動」**四個面向來思考。

讀者可能不太了解這些名詞代表的意義，茲向各位分別簡單說明如下。

♥「認知」＝腦中浮現的思考或印象

「今天也是雨天，潮溼的感覺真討厭」「接下來的休假日還要工作啊」「又刷卡亂買東西了」「是惠美打來的電話，多半又要聽她抱怨男朋友了」等等。

♥**「情緒・感情」=內心湧上的各種感受**

「不安」「焦慮」「憤怒」「驚訝」「痛苦」「悲傷」「鬱悶」等等。

♥**「身體反應」=身體出現的各種生理現象**

「心跳加快」「頭痛」「暈眩」「肩膀僵硬」「手腳冰冷」「胃痛」「失眠」「口乾舌燥」「冒汗」「喘不過氣」等等。

♥**「行動」=面對壓力源，自己所採取的態度、作為**

「破口大罵」「吵鬧」「逃避」「刷牙」「看電視」「上網」「嚼口香糖」「大口深呼吸」「睡覺」「喝水」等等。

這些壓力反應並非各自獨立的存在，而是會**相互影響、反覆出現**。當處在某些情況下，內心開始出現負面思考，這些念頭會變得愈來愈多，身心狀況日趨惡化，我想很多人應該都有過類似的經驗。關於**「壓力的惡性循環」**，也在此向各位簡略說明。

首先，如果壓力源不存在，就不會出現壓力反應。我們不妨假設一個「必須在公司會議上做簡報」的場景。

處在這種高壓的環境下，會產生**「失敗了怎麼辦」**的認知，同時湧現**「不安、鬱悶」這類情緒・感情**，然後引發**「手發抖、心臟怦怦跳」等身體反應**。

反過來說，當自己意識到「手發抖」的身體反應，也會產生「糟了，被發現手在抖很丟臉」這種認知，隨即感受到「焦慮、不安」等情緒・感情，未必都會依照前面所列出的順序依次出現。

在這三種反應的交互作用下，身心的壓力會逐漸膨大。

等壓力達到極限的時候，就來到**最後的壓力反應：「行動」**。如果拿我們剛才舉的例子「在公司會議上做簡報」，當事人的行動也可能是「放聲大哭」或「逃避會議」。

一旦採取這些行動，又會衍生出新的壓力源，比如「上臺簡報失敗」「自我評價低落」「受上司責備」，然後再次引起壓力反應……

各位讀到這裡應該了解了吧？這就是**無限輪迴**，**壓力的惡性循環**。壓力源「誘發」壓力，「認知」「情緒・感情」「身體反應」則放大了壓力，最終是「行動」。

然後又衍生出新的壓力源，壓力就這樣生生不息。

參考下方的插畫就能一目了然。對於壓力的循環運作，各位先前或許還似懂非懂，但透過圖像化之後，應該有助於重新理解。

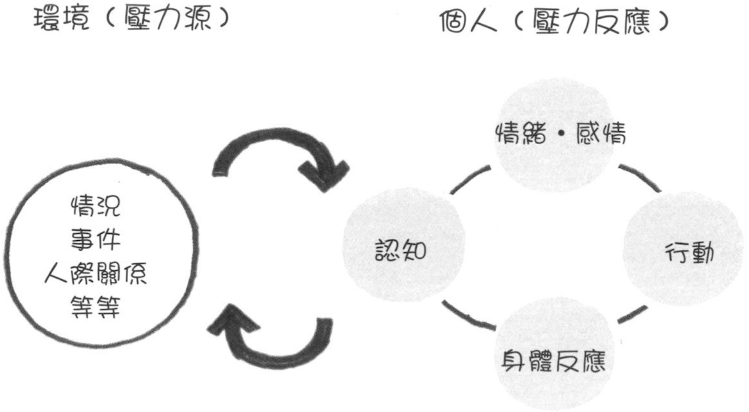

分解壓力

接下來要談如何**監控自己的「壓力」**。

這是進入Lesson 2的自我調適練習之前，必不可少的階段。而「對於自身壓力的覺察」和「選擇適當的調適法」，兩者之所以須要搭配進行的理由，在此說明如下。

具體來說就是**「壓力體驗」，也就是觀察「壓力源」「壓力反應」，並且細分為七個步驟**。我的諮商過程也必定包含這個階段。各位可能會驚訝地問：「居然這麼複雜嗎？」但只要嘗試過一次，就會了解其重要性與效果。

此外，在自我監控中，我們要格外重視**「寫在紙上」**這件事。所謂書寫，其實就是將自己內心的感受「說出來」的行動，心理學用語稱之為「外化」

（**externalization**）。將內在的問題外化之後，內心原本模糊的輪廓會變得清晰，我們也才能更客觀理解問題所在。

如此一來，不僅可以看出我在前面所提到「壓力的惡性循環」中彼此的關聯，也可以了解自己的**「壓力傾向」**。所以說，書寫能帶來很大的效果。

外化時，我建議不要透過手機或電腦輸入文字，最好是**「手寫」**。比起那些看起來格式一致的字體，手寫字更生動，書寫時的感受也更為真實。

至於書寫用紙，可以將**書末的空白備忘錄影印後使用**。在固定的格式下書寫，可以有效組織自己內心的想法和事件，之後就能更為客觀地審視。也可以在常用的筆記本上畫出專用格式後書寫。重點是**「透過系統化的格式組織想法後書寫下來」**。

「書寫」這件事是貫穿本書實作的核心，請務必從現在開始習慣。

接下來，讓我們從下一頁的Step1展開「自我監控」吧！

Step 1 覺察你的壓力感受

首先，挑選作為監控目標的**「壓力體驗」**。所謂壓力體驗，指的是**包括壓力源與壓力反應在內的親身經歷**。為了在之後的Step 2中有效監控壓力源與壓力反應，必須將關於壓力的整體感受全部寫下來。

覺察到的壓力自然不在話下，對於那些幾乎難以意識到的微小事件，也請仔細回想。

「這就是我自身的壓力體驗！」「那個時候遇到的那件事，就是我的壓力體驗！」這些覺察就是自我監控的第一步。

再微不足道的小事也沒關係。毋寧說，正是這些日常生活中微小的壓力體驗，才累積成了身心沉重的負擔，就如同我前面向各位說明的一樣。

不過，或許也有人會覺得，「突然要我寫，也不知道該寫什麼」。那麼我來舉幾個例子吧。

以下就是壓力體驗的幾個案例：

「每次和香里見面，她男朋友的事就可以聊上三小時。等下大概也一樣，覺得好煩喔，有點沮喪。」

「好不容易做了晚飯，老公卻傳訊來說『吃飽再回家』。怎麼不早點跟我說？得自己吃完整桌飯好空虛。」

「與長期業務往來的客戶進行第一場商務會談，一想到有可能談成這筆大交易，我的聲音就忍不住顫抖，幾乎要尖叫出聲。」

各位覺得如何？在第一個案例中，「老是聊男朋友的香里」就是當事人的壓力源。「大概又要聊男朋友了」是壓力反應中的「認知」。「好煩喔，有點沮喪」則是「情緒・感情」。

在第二個案例中，「沒有提前通知的丈夫」是妻子的壓力源。「沒有早一點傳訊息」是「認知」，而「單獨吃飯的空虛」是「情緒・感情」。

在最後一個案例中，可以看見「聲音忍不住顫抖」的身體反應，以及「幾乎要尖叫了」的「行動」。

就像這樣**去覺察包括壓力源及壓力反應在內的「壓力體驗」，正是Step 1的目的**。

讀到這裡，各位是否也回想起哪些壓力體驗呢？

讓我們搭乘時光機回到體驗的當下，請盡可能具體地回想當時的感受、心態、所採取的行動、想說的話、身體反應等等，然後立刻寫在書末的備忘錄上（書末第❺頁）。寫完之後，重頭閱讀一遍，如果又想到什麼可以再寫下來。

回顧壓力體驗的過程中，也可能會產生不愉快的感受。請接住這樣的情感，並把它寫下來。這並不是為了逃避，重要的是從「原來那個時候我這麼討厭對方啊」「當時真的很辛苦呢」這樣的視角，來認識並理解當時不愉快的感受。

我在每個步驟的最後，也會舉「花子小姐」和「太郎先生」的例子供各位參考。

花子小姐的壓力體驗

即將結婚、下個月就要離職的同事惠子約我共進午餐。反正都知道要聊什麼話題了，雖然覺得「真討厭」，卻無法拒絕邀約。不出所料，話題果然繞著婚後新居和她（未來的）老公打轉。雖然想著「接下來我可是得接手妳的工作每天加班，也顧慮一下我的心情吧」，卻還是微笑著聽她說話。

太郎先生的壓力體驗

主管說我企畫書寫不好，明明過去都沒問題。隨他怎麼說吧，只是一想到就有氣，今天要準時下班去小酌，只能靠這樣來紓壓了。

Step2　了解你的壓力源

接下來要詳細拆解你在Step1所覺察的「壓力體驗」，並進行更細膩地自我監控。

在這個階段，要寫下的是比Step1中「我有這樣的感覺嗎？」「我因為這樣而覺得受傷」這類內心感受、更為深刻的「覺察」。

一開始先重新審視造成你壓力反應的「壓力源」。**所謂壓力源，就是引發壓力反應的外部環境**。這指的不只是字面上的環境，還包括相關事件、人物等各種引發壓力反應的要素。

以Step1介紹的三個壓力體驗案例來說，「老是在聊男友的朋友」「沒有提前通知的丈夫」「第一場商務會議」都是壓力源。但在這裡，我們暫時不關注因此所引起的「沮喪」「焦躁」「空虛感」「緊張得手發抖」等心理與身體的反應。

接下來，從Step1寫下的備忘錄內容中找出你的「壓力源」，將它重新寫在備忘錄上。

這個時候的重點是**「具體細節」**。請逐一且具體回想壓力源的整個過程，並且詳細寫下來。要是有Step1沒寫到的細節，請在這階段寫得更完整。

再來的重點是**「客觀回顧」**。基於壓力源正是引發壓力反應的罪魁禍首（自己內心已經認定），回想時容易受到負面情緒影響。請各位參考下面的例子。

「下班前十五分鐘，任性的同事A只丟下一句『我今天還有約會』，就將自己的工作推給別人。一旁的主管明明聽見了卻裝不知道。」

首先，「推給別人」「任性」這些都是主觀的言詞，也是我們在Step3才要處理的「認知」問題。此外，「明明聽見了」「裝不知道」也是靠不住的主觀認定。可能主管真的沒聽到也說不定。

讓我們試著排除主觀性再寫一次。

「下班前十五分鐘，同事 A 表示『我今天還有約會』，將自己的工作拜託別人協助。一旁的主管也沒說什麼。」

各位覺得如何?因為只關注對方的行動，比起一開始寫下的內容更單純，也更具客觀性。

來吧，讓我們在「具體」「客觀」這兩項條件之下，再一次寫下自己的壓力源吧。可以使用書末第❺頁的空白備忘錄。

為了方便回想，如果有必要，也可以透過插畫等方式補充說明。

要是這麼做能讓你想起更多細節，不妨多多透過插畫等圖像方式來表達。

花子小姐的壓力體驗

即將結婚、下個月就要離職的同事惠子約我共進午餐。聽她聊著婚後新居和她（未來的）老公，以及未來的育兒經，不知不覺間，1 個小時的午餐就在惠子的話題中結束。

太郎先生的壓力體驗

主管要我注意企畫書的書寫方式，包括「先寫結論」「必須做預算評估」「具體寫出目標客戶名稱」等等。雖然我一直以來都這樣寫，卻不曾像這樣被提醒過。

Step3 掌握你的自動思考

從Step3開始，就要來監控「壓力反應」。

在「壓力反應」的四個典型階段當中，一開始關注的是「認知」。也就是前面提到的**「腦中浮現的思考或印象」**。

我們的腦袋裡頭，從早到晚，會反覆出現各種各樣的思考或印象，隨後又消失，這在心理學領域稱為**「自動思考」**（automatic thoughts）。如同字面上的意義，意指**「腦中自動浮現的思考或印象」**。

我們要監控的對象，正是這種「自動思考」。這個名詞接下來會不斷出現，還請大家務必牢記。

但是從另一個角度來看，其實日常生活中我們並不會意識到正在自動思考。

舉例來說，我們泡澡時會覺得「啊，好舒服」，但當下並未意識到「啊，我現在腦袋裡正想著『啊，好舒服』這樣的想法」。好比品嚐美味料理時發自內心讚嘆「太好吃了！」，或是交通號誌的綠燈開始閃爍時內心焦急想著「得加快速度才行！」也都是自動思考。

就像這樣，不管是正面思考、負面思考，甚至是這兩者之外的中性思考，全都是自動思考。

話雖如此，這本書還是一本因應壓力的自我調適教科書，基本上要處理的自動思考還是那些負面想法。因此我們得先釐清，所謂負面的自動思考到底是什麼？

如果以前文中的「第一場商務會議」來舉例，可能會出現以下的自動思考：

「要是能談成合約就太棒了」「只有這件事，絕對不許失敗……」「不由得緊張起來」「咦，我的聲音怎麼在抖？」「糟糕，得想辦法掩飾過去」「現在又太大聲了！」「對方的負責人被我嚇到了！」「完了，我的發言聽起來好像回聲，感覺不是我在說話」「快撐不下去了……」

各位怎麼看呢？在商務會議上，腦袋裡同樣也會出現各式各樣的自動思考。然後受到這些念頭影響，覺得自己彷彿正受困在沒有盡頭的深淵裡。

還有，當電車因為事故而停駛，腦中油然冒出「慘了，要遲到了」「為什麼剛好在趕時間時發生這種事」「到底要等多久才開車」這類念頭；或是遠遠就看到鄰居一位愛聊天的太太時不禁想「討厭，又遇到了！」「這次該怎麼脫身呢？」等等，總之全都是「負面的自動思考」。

此外，浮現在腦中的**「影像畫面」**也包含了自動思考。

比如我們在工作上犯了錯向客戶連番致歉後，回公司的路上會不斷想起對方嚴厲斥責時的臉龐，對吧？反過來說，公出之前，腦中就已浮現自己在客戶面前拚命拜託的身影也說不定。

這些並未化成語言文字的影像畫面，也全是自動思考。

接下來，請將你的自動思考寫在書末的備忘錄上（書末第❻頁）。試問自己，「在那個時候，腦中浮現出什麼樣的想法和畫面？」然後盡可能寫下來。寫的愈詳細，對於Lesson 2及之後的壓力調適過程會愈有幫助。

花子小姐的認知（自動思考）

「那種話都不曉得聽過多少次了」「想早點回去上班」「連我都想結婚了」「無視我的心情嗎？」「可是，果然多少還是會羨慕呢」「不能那樣想！只能祝福！」

太郎先生的認知（自動思考）

「之前也是，甚至更早之前也是，明明寫的是同一分企畫書，卻一直隨意改變指示，如果要改就早點說啊，我自己的管理責任都先擱置了吔。但是說真的，要是當時按照對方說的就沒事了，我應該要更注意才對。唉～這種上司，還有窩囊的自己實在討厭透了。趕快結束工作去喝一杯吧……」

Step4 掌握你的情緒、情感

在Step4，我們要關注的是「壓力反應」下的**「情緒、情感」**。

自動思考指的是「腦中浮現的言語或印象」，那麼情緒或情感又是從哪裡來的呢？應該不是腦袋，而是「內心」所感受到的，對吧？

當腦海中浮現「我再也做不下去了」的自動思考，內心就會產生諸如「不快」「焦躁」「無力感」這類「情緒、情感」。

這類「情緒、情感」還有一個特徵，就是**「可以簡短描述」**。

舉例如下：

喜悅、快樂、開心、舒服、善良、有趣、高興、幸運、興奮、心跳加速、擔心、溫和、清爽、希望、期待、平靜、坦率、痛快、驚訝、懷念、奇妙、關心、討厭的

預感、寂寞、緊張、不安、憤怒、悲傷、恐懼、失落、絕望、焦躁、沮喪、氣餒、憂鬱、不開心、不愉快、難以理解、想哭、無力感、孤立感、不信任等……

大家能夠理解嗎？

因為可以列舉的詞彙太多，我姑且先在此打住，但希望大家能了解「情緒、情感」所代表的意義。

也就是**情緒、情感是一種「內心的浮動」，所以可以理解成是「能用簡短話語來描述」的事物。**

如此說來，自動思考也同樣包含了諸如正面的「喜悅」「快樂」、負面的「不安」「憤怒」「恐懼」，以及這兩者之外的中性思考。

此外好幾種「情緒、情感」交替出現或同時發生，都是很自然的，幾乎不可能只出現一種情緒或情感。針對這一點，大家不妨以接下來的案例進行思考。

「被打工地方的店長大罵『動作太慢』。為什麼他每次都只罵我？那種蠻不講理的嘴臉看了就生氣。話說回來，連我自己都對自己笨拙的應對處事感到不耐煩。

而且一想到打工的同事只在一旁冷眼旁觀也很難過。」

在這個案例中，情緒和情感的活動歷程從「憤怒」「挫敗」到「自我厭惡」，最後轉化為「悲傷」「孤獨」和「不信任感」。

大家在將自己的情緒、情感一一寫在備忘錄上（書末第❻頁）時，最好也能夠梳理出這些情緒和情感的出現順序。如此一來就**能進一步覺察到自己在情緒和情感上的變化**。而你也可能會吃驚地發現，「居然光是這樣內心就產生了這麼多情緒和情感！」

接下來就請大家開始動筆，將自己的情緒、情感寫在書末的備忘錄上（書末第❻頁）吧。書寫時除了可以參考前面所列舉的情緒、情感清單，也不妨試著依照內心感受自行命名。

我想，這一次寫下的情緒和情感，應該會比在Step1時寫得更多。

花子小姐的情緒、情感

挫敗、覺得受夠了、沮喪洩氣。
對於毫不在意自己的惠子感到憤怒、失去信任感。
然後打從心底湧上對自己的無力感。

太郎先生的情緒、情感

生氣、憤怒、挫敗、
覺得無力、自我厭惡。

Step5 掌握你的身體變化

在Step5，我們要關注的是「身體反應」。

「身體反應」指的是人的身體在壓力源影響下所引起的生理現象。像我們最常聽到的就是「壓力型胃痛」「心悸」這類身體反應。

其他還有「手抖」「口乾舌燥」「出汗」等暫時性的生理症狀，也會出現「頭痛」「肩頸僵硬」「皮膚乾燥」「拉肚子」等因慢性壓力而引發的症狀。

這類身體反應包括：

口渴、聲音發顫、手腳顫抖、手腳出汗、手腳冰冷、身體發熱、頭昏腦脹、心跳加快、呼吸急促、喘不過氣、流眼淚、走路變慢、睡不著、疲倦、顏面神經失調、抓頭、扯頭髮、渾身發癢、頭痛、眩暈、肩頸僵硬、背痛、肚子痛、噁心反胃、嘔吐、拉肚子、蕁麻疹、耳鳴等等……

一如我們內心數不清的「情緒、情感」，身體反應的例子不勝枚舉，而且都是無法憑藉自己意志所做出的反應。

此外，這些身體反應清一色都是負面的。由此可知，身體一般來說幾乎不會意識到非負面的身體反應。就像我們不會特別去意識到自己「今天胃不痛！」「沒出汗！」「手沒抖！」對吧？而「不容易察覺非負面的感受」這一點，也是「身體反應」的特徵之一。

相較於壓力所造成顯而易見的身體反應，我們也應該格外留意那些容易被輕忽的反應。經由壓力而來的反應，未必會表現在身體變化上（可想而知）。然而**可怕的正是那些「沒能察覺的壓力反應」，或是「遭到誤判的壓力反應」**。

例如消化不良就是來自於胃部的壓力反應，卻往往被視為一種「常見症狀」而被忽視；也可能在第一時間沒發現與壓力源的關聯性，因而推遲了治療的黃金時間，導致演變成重症或慢性病。這也恰恰印證了「微小的壓力長期累積下來才是最危險的」這句話。

接下來請大家在備忘錄上（書末第❼頁）寫下自己的「身體反應」。

關於這一點也一樣，身體反應不會只出現一種，**通常會有好幾種身體反應連動發生**。

比方說有些案例一開始是「頭痛」，然後是「肩頸僵硬」，沒多久「背痛」就變得更嚴重了；緊張的時候也常會同時出現「口乾舌燥」「聲音沙啞」「手腳顫抖」的症狀；也有明明覺得腦袋發燙、手腳卻很冰冷這種完全極端的身體反應案例。

大家可以仔細觀察自己的身體反應，盡可能一一寫下來。

不過，壓力的表現並不局限於身體反應，**並不是寫愈多就代表你愈了解壓力所帶來的影響**。

針對壓力的反應因人而異。有些人容易表現在身體反應上，有些人則不容易顯現出來，當然也有人根本不會出現身體反應。

這些變化都須要長期觀察才會更明朗。

花子小姐的身體反應

胃感覺脹脹的，

常常無法思考。

一個人在家時會忍不住流眼淚。

太郎先生的身體反應

胸口悶、

呼吸急促、

頭腦發漲、發熱、

手腳冰冷。

Step6 掌握你的行動

Step6是我們監控壓力反應的最後一項指標。

在這道步驟之後，就要進入全面「歸納總結」的Step7。大家再加把勁，就要大功告成了！

在此一階段，我們要關注的是在壓力反應中的「行動」。**這裡所說的行動，意指我們自己在面對壓力源時會做出的各種舉止與回應。**大家不妨試著回想我們在第二十八頁談過的「壓力的惡性循環」。

來自於壓力源的「壓力動機」，在歷經「認知（自動思考）」「情緒、情感」「身體反應」這一連串歷程後，最後表現在我們的「行動」上。

這也表示，你周遭的人往往只可能透過你的「行動」，來進一步理解你的「壓力體驗」。

此外，**比起其他三種歷程（認知（自動思考）、情緒、情感、身體反應），「壓力源」與「行動」的一大特徵更容易自我監控**。

一般來說，每個人應該都很清楚自己正在進行的「行動」，對吧？而壓力源正是某個形成壓力反應的動機的人或事件，也比較容易進行監控。反過來說，另外三種歷程須要以內心產生的反應為監控對象，有時候要捕捉內在的反應較為困難。

接下來為大家介紹一則行動的案例……但就如同我所說的，行動的案例其實多不勝數，遠遠超過我們前面談到的壓力反應。

舉例來說，你和另一半即將展開一場久違的約會，一名友人卻意外成了電燈泡，你無法理解為什麼得和那名友人同行，這不就破壞兩人難得的浪漫約會了嗎？友人的粗線條與另一半的不解風情快讓你受不了了，**這時，你會採取什麼樣的行動？**

嘴上雖沒說什麼，口氣中卻明顯流露出不愉快。

忍不了直接爆炸：「夠了吧，這樣太超過了！」

保持冷靜把話說開：「約會應該是我們兩個人的事吧？」

聽到男朋友說：「我也希望只有我們兩個人。」

壓下怒氣，在LINE上向男友批評友人的行為。

和男友一起想辦法擺脫友人。

這當中是否有你會採取的行動呢？事實上我們還可以舉出非常多例子。即便是在同一種情境下，人們會採取的行動也截然不同，因此所謂「行動」的案例可說不勝枚舉。

另一方面，如果你「什麼也沒做」，情況又會變得如何？

以前面的例子來說，就是「放棄兩人單獨相處的機會，讓友人當電燈泡到最後一刻」。即便如此，「放棄兩人單獨相處的機會，讓友人當電燈泡到最後一刻」的決定也是一種「行動」。請大家去意識到，並且去掌握**「什麼也沒做」這種行動**。

接下來請大家在備忘錄上（書末第❼頁）寫下自己的「行動」。你是會隱忍下來的類型嗎？或是會轉為發洩在對方身上？還是會透過別的形式加以抒發？通過了解自己的行動，應該就能更了解自己的行為模式。

花子小姐的行動

保持微笑聽惠子聊到最後。

之後回到家，

把枕頭用力丟向牆壁。

太郎先生的行動

靜靜聽完主管訓斥。

→只回答：「好，我知道了。」

→回到自己的辦公桌旁，用力踢椅子一下（不被發現的情況下）。

→跑去廁所唉聲嘆氣。

→準時下班。

→前往常去的居酒屋喝悶酒。

→回家倒頭大睡。

Step7 總結Step2～6！

努力到現在的大家，辛苦了！在回顧「壓力體驗」的這段過程中有沒有什麼樣的心得呢？應該也有不少讀者一開始不知道該寫些什麼吧。

接下來，終於要進入最後階段。

在這個階段，我們要**將Step2～6所寫下來的備忘錄進一步整理歸納成一分量表**。我們在Step1描述的「壓力體驗」，經由Step2～6的自我監控後詳細拆解，最後在Step7進行更精確的統合。

請將你的壓力源和壓力反應（「認知（自動思考）」「情緒、情感」「身體反應」「行動」）分別寫在備忘錄上（書末第❽頁），並且將前面寫過的備忘錄內容重新寫在新備忘錄上。但不要只是照抄，而是要以自己的觀點統整歸納，讓這分量表一目瞭然。

寫完之後，請拿在手上仔細讀一遍。這時大家應該就可以更清楚了解到自己在感受壓力並引起壓力惡性循環時的心理歷程。

花子小姐的壓力歷程

壓力源

即將結婚並於下個月離職的同事惠子。午餐時間整整1個小時都在聊結婚的話題。

→ ←

壓力反應

認知（自動思考）

「那種話都不曉得聽過多少次了」「想早點回去上班」「連我都想結婚了」「無視我的心情嗎？」「可是，果然多少還是會羨慕呢……」

情緒、情感

一開始覺得受夠了，接著是挫敗。過程中也感到憤怒，並且打從心底湧上對自己的無力感。

身體反應

胃感覺脹脹的，
腦袋無法思考。
回家後忍不住流眼淚。

行動

保持微笑聽到最後。之後回到家，把枕頭用力丟向牆壁。

太郎先生的壓力歷程

壓力源

突然改變企畫書寫法、退回已經寫好的企畫書的主管。

→ ←

壓力反應

認知（自動思考）

「如果要改規則，提前說明是主管的責任吧！」「但或許他說的也沒錯……」「這種上司還有窩囊的自己都討厭透了。」

情緒、情感

生氣、
憤怒、
挫敗、
覺得無力、
自我厭惡。

身體反應

胸口悶、呼吸急促、頭腦發熱、手腳冰冷。

行動

靜靜聽完主管的訓斥後準時下班，前往常去的居酒屋喝悶酒，回家倒頭大睡。

觀察你的日常壓力！

第一堂課到此結束。

這堂課為大家介紹的是「壓力」的組成結構，以及如何自我檢測（觀察）的方法。**從Step1～7的每一個階段都很重要，我衷心希望大家能夠反覆實行。**

我也會要求來到診所的諮商者，每週進行三次這樣的自我檢測。**壓力的自我檢測就是一種反覆不斷的練習。**每實踐一次，準確度就會提升，所有人都能實際感受到相同的效果。

「我每次被這樣批評時就會變得很脆弱」「覺得受傷時腦中就會出現這樣的自動思考」「老是寫到A主管，看來我真的很不擅長和這種人相處」，隨著一次又一次的檢測，可以幫助你逐漸覺察自己的壓力傾向。

而像這樣**去覺察壓力的行為本身，其實就是一種自我調適。**

人類在本能上會對於未知、陌生的事物感到恐懼。因此，一旦能覺察到令自己苦惱不已的「壓力」的真實面貌，同時藉由「自我吐槽」或是「什麼嘛，居然在煩惱這點芝麻綠豆大的小事！」這類開放的心態正向面對，才能真正釋放壓力。

你只須要「認識壓力」，就可以有效中斷壓力的惡性循環，從這樣的負向輪迴中獲得解脫。

從第二堂課開始，我會帶大家實際操作自我調適的方式，同時持續執行第一堂課習得的自我檢測。

每堂課最後，在桌上一一攤開並回顧所寫下的備忘錄內容非常重要。但更重要的是，**對於「此刻、當下」的感受即時且同步的覺察**。覺察你的日常壓力源，在壓力仍持續累積壯大之際就從旁觀察。與此同時，務必讓你觀察自身壓力的行動成為一種習慣。而且不只如此，請將你的觀察都寫下來。

也許這個過程會讓你覺得有點麻煩，但「認識壓力」所帶給你的幫助，絕對值得你這麼做。

COLUMN

壓力與你的大腦，以及
自我調適的關係？

許多研究都指出，壓力與大腦中被稱為扁桃體的區域有著密切關係。當人們感到恐懼或不安，扁桃體會變得活躍，同時促使腎上腺發出指令分泌一種名為「壓力荷爾蒙」的物質。這種荷爾蒙會引起心跳數和血壓上升等身體反應。

近期一項相關研究報告指出，一種被稱為「皮質醇」的壓力荷爾蒙會損害大腦中主司記憶的海馬迴神經細胞，而這可能是導致憂鬱症的因素之一。

因此，當我們長期忽視身心壓力，就可能造成大腦機能的損傷。這時，自我調適可以發揮極大的效果。根據美國密西根大學研究指出，當我們能夠完整認識、因應自身的壓力，也就是實行自我調適，就可以活化大腦中主司認知功能的前額葉皮質，讓扁桃體的活動相對減少。

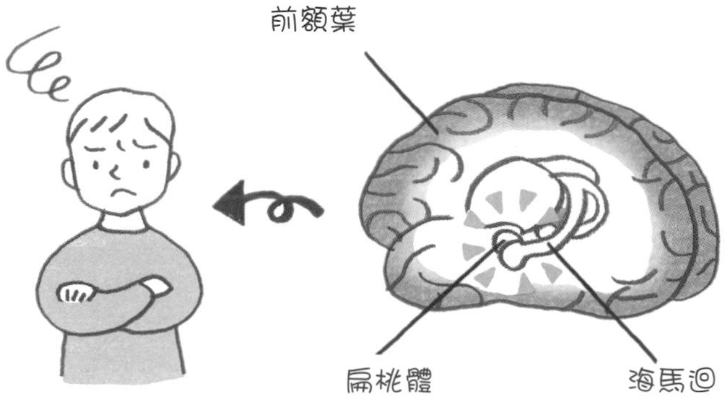

chapter

2

透過自我調適擺脫壓力！

自我調適就是有意識地自我幫助

在第二堂課，我們就要真正開始進行「自我調適」。

什麼是「自我調適」？也就是我在這本書開頭所說的「有意識地應對壓力」。簡單來說即是**「想要解決我所面臨的痛苦」，這種無論如何都想要做點什麼的嘗試**。因此我們在第一堂課所實行的種種自我監測（自我觀察），其實也被視為一種自我調適。

假使你在第一堂課已經覺察到壓力的惡性循環，也透過監測逐漸理解自己的思考方式與情感模式，並且覺得「我的問題已經解決了」，或許你就不須要更進一步學習這堂課所介紹的自我調適法。

來到我診所尋求諮商的人之中，有些人也在反覆的自我監測下，自然而然轉變成不易感受壓力的體質。他們在習得自我監測的階段之後便認為：「我已經不需要更多的自我調適了。」

如果要用一句話來簡單說明自我調適，就是**「自我幫助」**。事實上，我們與生俱來就會為了自我幫助而去自覺、理解某些壓力。例如「聽喜歡的音樂」「吃美味的甜點」「倒頭就睡」「跑步」等等。無論是誰都會下意識地尋求自我幫助，而**當我們能夠「有意識地應對壓力」，就是所謂的自我調適**。

在壓力心理學領域的見解中，「自我調適雖未擁有明確的做法，卻被視為愈多愈好」。就算那些調適稱不上了不起的療法，也**不見得能「立即見效」**，但只要可以充分融入日常生活且付諸實踐，再簡單快速都行。

從這樣的思考出發所進行的各種壓力調適，就叫做**「自我調適的復原力」**。

在第一堂課中，以這種自我調適的復原力為軸心來理解因應「壓力」的做法，就是我們第二堂課的學習目的。

在建立自我調適的復原力的過程中，各位讀者還是須要進行大量書寫，但比起第一堂課得反覆回想過去的「壓力體驗」，絕對要輕鬆多了。「那是自我調適」「這也是自我調適」，或許壓力就這樣不知不覺消失了也說不定。這也意味著，**當我們開始「思考如何調適壓力」，自我調適就已經展開了。**

說起來雖然有點複雜，但大家只要記住，**「自我調適是一件快樂的事」**就好。

最後要強調的是，**在壓力反應中，自我調適只對「認知（自動思考）」和「行動」有效**。

只要我們不與社會切斷所有連結，就不可能斷除「壓力源」。我們不可能光憑自身意志就改變我們身處的環境與人際關係。就算一切重新來過，也還是會再產生新的壓力源。

除此之外，我們也無法控制「情緒、情感」與「身體反應」。即便下定決心「我要感到幸福！」也無法防止周遭環境讓自己感受到的沮喪，或是胃因為緊張又痛了起來這種事。

話說回來，我們也不用因此感到洩氣。

畢竟這四種反應彼此之間的關係十分緊密，**「認知」與「行動」一旦轉變，「情緒、情感」與「身體反應」也會產生相應的變化**。

所有的自我幫助都是一種自我調適！
Z Z Z

自我調適的量大於質！

「自我調適的復原力」指的是「隨時都可以進行的自我調適法」。

不管是看起來「再怎麼簡單或無用的小技巧」，自我調適的定律就是：小技巧愈多愈好！也就是我們所說的**「量大於質」**。我希望正在閱讀這本書的你，「建立一百個適合你的自我調適法」。

但是，為什麼會是「量大於質」呢？

那是因為**量多，你才能「選擇」**。無論是在職場、學校、家庭還是同儕關係，人只要活著就會暴露在壓力之下，並且因此引發各式各樣的壓力反應。

在這些處境當中，像這樣「這次試試看這個」「上次那樣沒什麼用，今天換這個」，**針對不同壓力採取有效的自我調適非常重要**。

有各式各樣的自我調適法才能任君挑選！
該做哪個好呢？

選擇也意味著不依賴。舉例來說，當你「吃完一整包洋芋片」之後覺得很滿足，這在壓力調適上一開始或許有效，但是下一次可就不見得會有同樣的效果。

單單依賴一種調適法，調適過程會變得乏味又無聊，而且隨著一包、兩包、三包洋芋片……長期吃下來不僅會影響健康，甚至可能加劇高血壓、糖尿病等症狀或引發某些疾病也說不定。

所以我們才須要建立一百個自我調適法，一個不行還有九十九個。**「那個沒效，換這個吧」**，在各式各樣的自我調適之下，找出最適合自己的做法。

說到這裡，也許有人會問：**「這類**

小技巧可以『簡單或無用』到什麼程度？」答案是：「什麼程度都可以。」

無論是「計算原子筆的數量」「想像晚餐時配啤酒」「戳破氣泡紙」「洗手」「長嘆一口氣」……只要這麼做可以多少有助於自我調適壓力，都請務必加入你的自我調適清單裡。

「對著鏡子微笑」是一種有效的自我調適法。即使不快樂的時候也要強迫自己笑一個。「不是因為開心才笑，而是笑能讓人變開心」已是心理學中廣泛獲得認同的理論。

我有些諮商者會在包包裡隨時放雙襪子，一旦發生不愉快的事就換穿包包裡的新襪子。他們會邊換邊說：「讓心情和襪子一起煥然一新吧！」我非常能夠理解這種做法呢。

在嘗試自我調適的過程中，必須格外重視**「時間與金錢成本」**（關於自我調適的個人成本，第七十二頁起有更詳細的解說）。比如說「去看電影」「逛街購物」「和朋友共進午餐」這類活動，不僅會花費你一定程度的金錢與時間，可能也無法想到就去做。這也是為什麼我們須要事先準備**各式各樣、隨時隨地都可實行的低成本自我調適法**。「要是這麼做沒用，下次就換這個吧」，如此一來才能毫無負擔地隨時進行自我調適。

舉例來說，「想著你喜歡的演藝人員」「看看你想去旅行的國家照片」，或是「原地伸展身體」等等，這些小動作既不用花錢，也花不了你多少時間。

像我有一位諮商個案，他的低成本自我調適清單中有一項是：「模仿一隻豬」。他告訴我，每次他還沒真的開始模仿，心裡就會想著：「我怎麼會把這種事加進來？」然後哈哈大笑。如此一來，也達到了自我調適的效果。

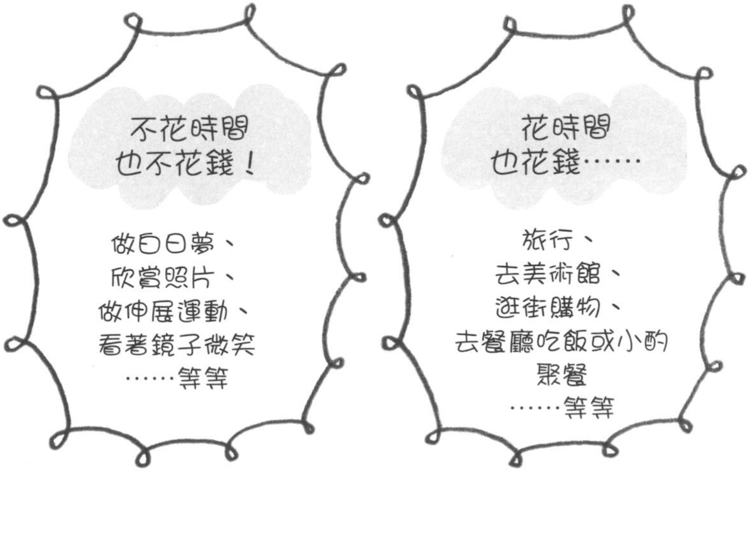

自我調適的「效果」與「價值」

所謂的自我調適，其實就是一種「有意識地應對壓力」的方式。因此，「只要能滿足這個條件，都是一種自我調適」。

可能有人會問：**「喝悶酒也是在自我調適嗎？」「遷怒別人或亂發脾氣呢？」**如果你這麼做的出發點是為了「自我幫助」，不妨就先將這些行為視為一種自我調適吧。

此外，社會上有些人會反覆自我傷害（自殘），或是暴飲暴食後進行催吐。對他們來說，自我傷害可以讓他們感受到「有活著的感覺」「瞬間的痛快感」；催吐則是「為了保持體態」。要是從自我幫助的角度來看這些行為，似乎也是一種自我調適。

但無論是「喝悶酒」或「發脾氣」，甚至「自我傷害」或「催吐」，我都要請各位非常小心，在你將類似的行為放入自己的自我調適清單之前，務必選擇能夠**真**

正讓你感到愉快、同時是健康且不會造成身心負擔的自我調適法。

為此，以下要來介紹兩種「選擇自我調適的訣竅」。

選擇自我調適法的訣竅一：「自我調適的效果」

選擇自我調適法時，必須考量到它的**短期效果與長期效果**。

以「喝悶酒」來說，主要是為了忘掉討厭的事對吧。可是因此喝得醉醺醺的一身酒味，甚至酒後失態的人也不少……。而像自殘這類「自我傷害」的行為，根據自殘者的現身說法，會視情況，短暫產生相當好的調適效果。

不過，透過前述方法產生的調適效果，很快就會消失。要是想追求更強烈的效果，「喝悶酒」的人就要喝得更多、或是改喝酒精濃度更高的酒；「自我傷害」的人則要在自己身上加諸更嚴重或深刻的傷害，要是不這麼做，就無法感到滿足。

也就是說，**為了拉長這樣的短期效果，勢必得不斷提升強度**。

選擇自我調適法的訣竅二：「自我調適的成本」

這裡所說的成本，包含金錢、時間、健康、人際關係等各式各樣的人生成本。

例如「去高級精品店購物」調適壓力，各位覺得如何？當然，購物確實可以紓壓，但是也會大幅消耗你的「金錢」成本。

以我來說，我很喜歡泡溫泉，可是去一趟溫泉旅行所費不貲，又很花時間，根本不可能常常做這件事。

所以我會在自己不能去泡溫泉的時候，透過「瀏覽溫泉旅館的導覽手冊」「欣賞溫泉旅行的照片」「回想過去的溫泉旅行」「規畫下一次的溫泉旅行」等做法來自我調適壓力。比起實際跑一趟溫泉旅行，CP值（性價比）不也挺高的嗎？

而正是因為如此，偶爾來一場溫泉旅行，在家人或朋友的陪伴下放鬆身心，進入溫泉時舒暢地說：「真是太棒了！」反而可以感受到更好的自我調適效果。換句話說，真正的溫泉旅行才是你的祕密武器。

從另一個角度來看，我們為自己一一列出的低成本自我調適法，其實還有強化高成本調適法功效的作用。

因此，**各位在選擇適合自己的調適法時，請務必從成本面去思考：這將會消耗你多少的金錢和時間？以及是否有害你的健康或導致人際關係惡化？**

由此可知，「喝悶酒」「亂發脾氣」「自我傷害」「暴飲暴食後催吐」這些行為，都是代價相當高的調適法。

「喝悶酒」不僅花錢、也花時間，還可能損害健康與人際關係；老是遷怒別人或「亂發脾氣」，誰還願意當你的朋友；至於「自我傷害」或「暴飲暴食後催吐」，除了會在身上留下無數疤痕、換來不健康的身體，更會危及你的「身心健康」。

效果與成本，是各位在選擇自我調適法的時候，必須同時考量的兩大關鍵。

我也就直接說了，其實**我個人最推薦的高效自我調適法是「做白日夢」**。光是幻想「等我一回家，演員〇〇〇就會從家裡走出來迎接我，實在太美好了」，不也打從心底得到療癒了嗎？（笑）

你該將重心放在問題本身？還是關注自身的情緒？

自我調適分成「問題焦點型」和「情緒焦點型」兩大類型。

問題焦點型自我調適，指的是針對引發壓力反應的「壓力源」本身進行調適。舉例來說，因為不適應新的職場環境或調動的部門而感到痛苦。無論是工作內容、工作強度和人際關係等等，各式各樣的問題紛至沓來。因此在這種時候，直接向公司申請調動職務、換部門，或表示希望減少工作量，才可能解決你的痛苦。這就是問題焦點型自我調適，是直接面向「壓力源」，從根本著手。

另一種**情緒焦點型自我調適，則著眼於自身所感受到的悲傷、痛苦、憤怒、不滿等壓力情感，目的是緩解這些情緒**。這些情緒往往來自壓力源和你本身的工作有關，而你通常對自身處境無能為力的情況。這也表示，當你難以從根本著手來解決問題，通常就須要採取這類型的自我調適。

「去KTV飆歌發洩」「上美容院按摩放鬆」「找同事抱怨訴苦」「聽喜歡的音樂」「想像自己去旅行」等等，只要能夠幫助你重整心情，做什麼都可以。

乍看之下，問題焦點型是從根本著手解決問題，似乎比較有效對吧。可是，如果**任何事都以問題焦點型來處理，反而會成為旁人眼中「麻煩難搞的人」**也說不定。即便是原本「可以擱置的狀況」，你也會忍不住將它問題化，到頭來那件事反倒給自己帶來了新的壓力，你也將陷入壓力的惡性循環裡。

話雖如此，只注重情緒焦點型的調適，也會失去改善周遭環境或自身處境的可能性。因此，建議在這兩種類型之間取得平衡比較好。

思考自我調適和行動自我調適

除了前一篇介紹的「問題焦點型」和「情緒焦點型」之外，我們還可以從其他角度來進行分類。

也就是**「認知自我調適」**和**「行動自我調適」**。

我們在前面提過，自我調適只對壓力反應中的「認知（自動思考）」和「行動」有效。這是因為只有這兩項反應，可以受意識所控制。

接下來要介紹的**認知自我調適，是針對「認知」作用；行動自我調適，則是針對「行動」作用**。

雖然說明起來稍顯複雜，但各位不妨這樣理解：

認知自我調適＝腦中一邊思考一邊想像的自我調適

行動自我調適＝伴隨具體行動的自我調適

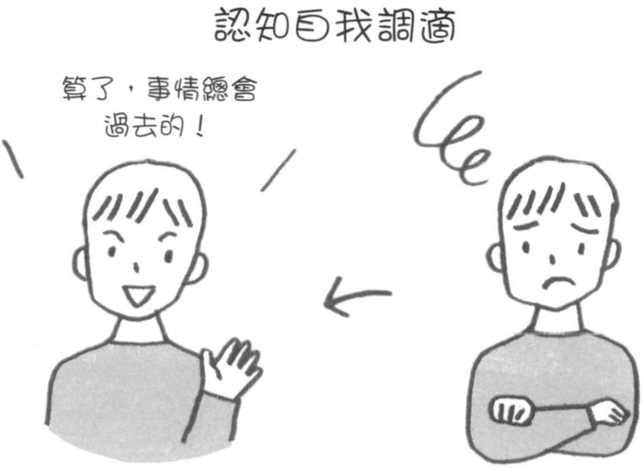

舉例來說，我們每個人心裡都有自己掛念的事，也可能都曾經遇過討厭的人。每當這種時候，我們總會嘗試轉換自己的心情：「再想也沒有用。別在意了！」一旦經歷失敗，我們也會自我勉勵：「下一次再努力就好！」或是試著安慰自己：「我已經盡力了。」或者，可以想想即將到來的週末，你將有一場愉快的約會；再想想你喜歡的對象，以上的思考都可以有效轉換你的情緒。**這些都是認知自我調適**。

此外，我們也可能對某人的行動產生憤怒的情緒。關於這一點，我們不妨換個角度思考：「或許對方也對我的行動感到憤怒」「他其實也是有優點的」，像這樣**「重新認知」壓力源的存在，也**

是一種認知自我調適。

然而重要的是，這些調適並不是不知不覺中產生的轉變，而是**一種有意識的「自我幫助」**。

另一方面，像是「做運動紓壓」「聽音樂放鬆心情」「在KTV嗨唱」「泡個熱水澡」「大喊大叫」「放聲大哭」這類表現，**都是一種行動自我調適**。

或許有人會想：「真的嗎？大喊大叫、哭泣這些舉動，不就只是壓力反應下會有的『行動』或僅僅是一種『身體反應』嗎？」

沒錯。**忍不住大喊大叫、明明不想哭卻哭得稀里嘩啦都是壓力反應，但同時也可以成為「主動」大喊大叫、「主動」放聲大哭的自我調適**。許多職場女性（或男性）都曾經有過「一個人躲在公司廁所裡大哭後覺得痛快多了」的經驗吧。

想必許多家庭主婦也一樣，對於從來不幫忙家事的老公心生不滿，幾乎要失去耐性。

可是，當主婦們開始思考：「要怎麼讓那個蹺著二郎腿的傢伙主動幫忙做家事？」就形成一種認知自我調適。等她們將想法進一步付諸實行（「我一定要說出來我的不滿」「我認為應該要列出一張家事分配表」），就成了行動自我調適。就像這樣，認知行動調適通常可以推展到行動自我調適。

我在下一個跨頁，列出了許多認知自我調適與行動自我調適的具體範例。當然，這類例子非常多，但我希望各位能藉由下頁的範例，逐漸摸索出屬於你自己的自我調適法。此外，我將這些範例做出了大致分類，各位參考之餘，不妨也試著找出自己的分類。

行動自我調適

這些都是認知自我調適！

想像自己喜歡的人事物

喜歡的人、崇拜的偶像、懷念的故鄉景致、年度舉辦的慶典、想去的國家風景、喜歡的食物或飲料、喜歡的電影裡的某個場景、沉浸在嗜好中的自己、陪寵物玩的自己、第一次觸摸想觸摸的動物那瞬間……

回憶過去的時光

愉快的旅行、別人對自己說過的一句令人開心的話、初次和戀人的對話、過世的奶奶、孩提時遊玩的地方或一起玩的朋友……

沉浸在白日夢裡

去了想去的國家、欣賞震撼的美景、住在一直想遷居的小鎮、觀看精采的現場演出、和仰慕已久的人約會、駕駛跑車兜風、回想在路上看到的帥哥或美女、也變成帥哥或美女的自己、成為受歡迎的人、變得很會運動、在事業上取得重大成功……

當自己的啦啦隊

「沒問題的」「真是辛苦了」「加油喔」「已經很拚了呢」「累了嗎？」「休息一下吧？」「不用太努力也沒關係喔」

試圖拋開責任

「我再也做不下去了」「都是那傢伙造成的！」「我才沒有錯！」「我只是做了正確的事！」「〇〇就是個廢物！」「我不幹了！」

把注意力放在身體的感覺

頭的感覺、心臟的搏動、胸部的起伏、呼吸、肩膀到後背的沉重或輕鬆感、背部與腰部撞擊椅背的感覺、雙手的重量、臀部接觸椅面的感覺、手腳的冰冷或溫熱感、踏在地面上的感覺……

試著改變思考方式

「正向思考吧」「事情能有這樣的結果已經很好了」「能力提升了」「其實意外地幸運」「學到很棒的一課」「或許對方是為我著想」「他也是有優點的」「畢竟之前也麻煩過對方，這次就不計較了」「我也沒什麼資格說別人」

放棄・遺忘

「已經不曉得該怎麼做了」「沒辦法，我沒招了」「再想這些也沒有意義」「還是忘掉它吧……」「不如趕快想下一步」

整理問題

爬梳整理腦中的想法、分析原因與對策、能解決嗎？解決不了嗎？先確認這一點、思考目前做得到的事、依事情的輕重緩急安排處理的優先順序

確認自己與他人的連結

「那個人會給我建議」「那個人和那個人都會幫忙我」「我隨時都能聯絡他們」「不管發生什麼事，家人是永遠的靠山」「我有總是在一旁聲援我的戀人」「也有交心的摯友」「寵物也是我傾訴的對象」「其實身邊很多人都很關心我」「我有很多志同道合的夥伴」「我不是只有自己一個人」

接受現實

「算了，事情總會過去的」「也無能為力啊」「這就是現況」「又能怎麼樣」「沒什麼特別的啊」「總是有辦法的」「船到橋頭自然直」「順其自然吧」「別管它別管它」「下次多努力一點就好」「一定可以找回微笑」「好事就在身邊」「沒事的！」

讚美自己

「繼續加油喔」「做得很好呢」「終於努力到現在了」「太厲害了」「大家都很看好喔」「再加把勁就好？」

行動自我調適
你可以這樣做！

去某個地方

公園、神社、佛寺、電影院、書店、圖書館、唱片行、遊樂園、主題公園、百貨公司、購物中心、健行、登山、兜風、露營、旅行、演唱會、慶典活動、逛街、在家附近散步、漫步到隔壁鎮上、買衣服、牽寵物散步

與人交流

傾聽某人的煩惱、找人聊天、打電話、邀請別人一起吃午餐、約朋友小酌一杯、共同從事某項嗜好、透過 LINE 或網路社群聯繫

觀看・欣賞

旅行的照片、想去的國家照片、在網路上搜尋的美景圖、喜歡的偶像藝人照片、寵物照、戀人或家人的照片

吃吃喝喝

悠閒地泡茶或咖啡、製作要花點工夫的料理、挑戰沒做過的菜、小心地把玩質感食器、嘗試餐廳新推出的菜色、去沒去過的餐廳

接觸大自然

種植花草植物、欣賞庭院或路旁的花草植物、觸摸公園裡的樹木、傾聽樹木的聲音、翻開石頭看底下的昆蟲、停下腳步感受吹過臉頰上的風、逛花店、去植物園散步、看海或看山、抬頭遙望藍天白雲、看太陽下山、仰望星空、追流星、聽雨的聲音

療癒自己

泡溫泉、使用薰香或精油、按摩、冥想、大口深呼吸、比平常晚起床、畫畫、讀讀詩或寫作、對著鏡子微笑、放聲大哭、對自己說「沒關係喔」、給自己一個擁抱

悠哉地打發時間

看電視、看 DVD、讀書、再看一次小時候的漫畫、翻翻時尚雜誌、聽音樂、上網、睡回籠覺、在 LINE 或網路社群上消磨時間、吃甜食放鬆心情、一整天都待在床上

做些無意義的事

做怪表情、在房間裡繞圈子、跳醜舞、在沒人的地方發出怪聲、把紙撕成一條一條的、蘋果皮削得很薄

做家事

打掃家裡、洗衣服、晾衣服和摺衣服、烹飪、擦窗戶、清潔換氣扇、整理書架、整理衣櫃、收納換季衣物、將置物架底部擦乾淨、清理冰箱的冷藏庫、保養廚房的調理用具、庭院灑水、插花、改變室內擺設、更換壁紙、更換寢具、汰換食器餐具、斷捨離

享受在興趣或嗜好裡

釣魚、衝浪、騎自行車、玩生存遊戲、觀光旅遊、露營、滑雪、玩雪板、下圍棋、下將棋、組模型、寫俳句、演奏樂器、攝影、玩摺紙、畫畫、編織、走訪特色咖啡館、走訪佛寺或神社、城市散步、手作飾品、賞鳥、觀察星象

活動身體

散步、健行、慢跑、伏地挺身、練腹肌、深蹲、伸展身體、做瑜伽、隨音樂舞動身體、嘗試一直往前走

純粹發洩！

捶床、把枕頭丟向牆壁、亂揮棒子、嚎啕大哭、放聲大笑、高歌一曲、撕報紙、打拳擊

打造你的壓力調適技巧！

接下來，終於要開始打造屬於你自己的壓力調適技巧。

但是在那之前，我想先帶各位簡單複習前面所提到的重點。

「問題焦點型」和「情緒焦點型」

問題焦點型是一種直接針對壓力源（環境）著手，可以從根本排除壓力的自我調適；感情焦點型則是一種關注壓力反應（特別是情緒・情感），並緩解這些反應的自我調適。在這兩種自我調適間取得平衡很重要。

「認知自我調適」和「行動自我調適」

自我調適可以分成兩種，一種是影響「認知」的認知自我調適；一種是影響「行動」的行動自我調適。**認知自我調適，指的就是腦袋裡的思考**。有些人會思考怎麼做才能改善現況，有些人則是單純轉換心境：「算了，總會過去的」，讓自己逐漸對現況釋懷。**行動自我調適，則是要做出實際的行動**。這種調適同樣包括企圖改善現況的行動，但也有「不管了，先去KTV飆歌紓壓吧！」這樣維持現況的行動。

雖然沒有必要過於刻意去區分類型，不過當各位瀏覽自己所寫下來的壓力調適做法，應該就看得出來自己比較傾向哪一種類型。

然後也請各位千萬不要忘記，自我調適中有一個很重要的定律：**「量大於質」法則**。

不管是再簡單的自我調適，數量要多，才是最重要的。這是因為在自我調適的過程中，**「選擇，扮演著很重要的角色」**。

簡單回顧前面談過的重點之後，現在，一起來打造出屬於你的壓力調適技巧吧！在這之前，請各位先翻到書末第❾頁的備忘錄，將備忘錄影印後備用。

此外，也請務必參考下頁所列舉的各式各樣壓力調適範例。

花子小姐的壓力調適

吃甜食　逛百貨公司
聽喜歡的 CD　散步　哭（嚎啕大哭）
慢慢地小跑步　吃冰淇淋（香草口味）
打電話給媽媽　在 LINE 上向姊姊發牢騷
點薰香　讀推理小說　切菜
做一道費工夫的料理　悠閒地泡杯紅茶
看國外影集的 DVD
看畢業旅行的照片　想像夏威夷的海邊
上網搜尋貓咪圖片　想像自己養貓的感覺
幻想自己身邊有很多貓
做 SPA
回想第一次衝浪的自己
打掃房間　將書架上的書分類排好
曬被子　在剛曬完的被子上倒頭大睡
想起孩提時眼中奶奶的臉
試著對自己說：「沒事的。」
抱抱自己
覺得「這沒什麼大不了的啊」　狂打枕頭
讀雜誌裡的占星專欄　研究自己的指甲
一邊泡澡一邊讀雜誌　穿有跟的靴子

太郎先生的壓力調適

喝啤酒　喝酒精濃度較高的精釀啤酒
一個人喝酒（週末從白天就開始喝！）　上網搜尋酒吧
玩劍球　為花盆澆水
冥想　陪兒子玩　看兒子的照片
想像和兒子一起去捉昆蟲
釣魚　想像去釣魚
再看一次喜歡的電影的經典場景
做咖哩　煎水餃　做麻婆豆腐
和妻子聊天　抱抱兒子　做肌力訓練
伸展身體　去便利超商
稍微打掃一下房間　小睡一會　讀報紙
從書架找本書來讀　學英文
磨咖啡豆　慢慢沖一杯咖啡
讀偉人傳記　上網瀏覽名言佳句的網站
在社區附近的街道散步　欣賞路上各式各樣的房屋　擦皮鞋
在 YouTube 上觀看搞笑藝人表演　去大眾澡堂
在車子裡盡情高歌　洗車
對自己說「絕對會順利的」

「我要怎麼調適壓力？」想不出來就細分化！

一一寫下腦海中浮現的各種壓力調適法，愈寫會愈覺得有趣。等寫完後全部加總起來，你可能甚至會忍不住驚呼，原來自己在不知不覺中寫了那麼多。但是，有些讀者可能想破了頭還是寫不出來。在這裡為苦惱的讀者們介紹一個好方法──**「細分化」**。

例如我喜歡喝啤酒，於是**我把「喝啤酒」加入我的壓力調適清單裡，但我不會只寫一個**，「聞啤酒的香氣」可以是第二個，加入「欣賞啤酒的顏色」就有了第三個。依此類推，讓我們一起細分化如下：

「想像啤酒的口感滋味」「在便利超商挑選啤酒」「仔細聽剛打開罐子時的聲音」「欣賞啤酒的顏色」「深吸一口倒進玻璃杯時浮在杯面的泡沫香氣」「感受撲

透過細分化，實現「量大於質」法則！

鼻而來的啤酒香」「沉浸在啤酒略帶苦澀的餘韻中」

光是啤酒這件事，就可以多列入七個進清單裡。不只如此，還有「使用珍貴的玻璃杯」「一邊喝啤酒一邊挑選要看的電影」等等，想要多少就有多少。說個題外話，我最喜歡的啤酒是海尼根。冰箱裡的「海尼根專區」總是擺著滿滿的啤酒，等待撫慰下班回來的我。更別說剛從冰箱裡拿出來時，從指間感受到的那股沁涼感。哎呀，愈說就愈想喝啤酒了呢。

思考啤酒所花的工夫、準備過程，以及細細品嚐口感與香氣，每一項看起來都是枝微末節的小事，卻能讓人打從心底感到滿足。如果要我細分化下去，**再想出一百個或兩百個也完全沒有問題。**

壓力調適帶著走！

為了能夠隨時隨地應對無所不在的壓力，我非常推薦各位**隨身攜帶寫下來的壓力調適清單**。

當你感受到「自己現今正在承受著壓力」，首先要實行第一堂課所教的壓力的自我監控（Step1～Step7）。最好可以把覺察到的壓力寫在備忘錄上，若是沒時間，先記在腦中也可以。「針對最早覺察到的壓力進行自我監控」是基本原則，請各位絕對不要忘記這一點。

接下來就輪到壓力調適登場了。將寫下的調適清單在眼前攤開，從清單裡選出合適的方法來應對剛剛監控完的壓力感受。

隨身攜帶清單的方式因人而異。很多人**習慣使用透明文件夾**（我自己就是）；也有不少人會建立電子檔，存進**手機或平板**裡。我的一位諮商者則是**將單字卡當作**

備忘錄，每一張卡片上寫一種，而翻動單字卡的選擇過程，其實也有自我調適的效果。

而且，不只是帶著走，也可以張貼在容易看得見的地方。我有一位諮商者就貼在辦公桌的抽屜裡，只要主管一發脾氣，他就拉開抽屜。

總之，依照**「覺察壓力」→「自我監控」→「壓力調適」**的自我調適流程，選擇適合自己的方法就好。

「面對這個壓力，要使用哪一種壓力調適呢？」實行自我調適時，免不了**都會面臨到選擇困難，以及這麼做是否有效的忐忑感**。每一次覺察壓力，下一步就是自我監控和壓力調適，這種不斷重覆的流程步驟，簡直就像在玩遊戲一樣。

若是有效，就會感到很振奮。「太好了，壓力解除了。下次試試看那個吧！」如此一來，不逃避、正面迎向壓力的行動，會讓心態逐漸出現轉變。也就是說，**每一次的壓力體驗，都是「自我調適的機會！」為了不錯過那樣的機會，隨時都要進行壓力調適。**

壓力調適的自我檢測很重要！

我們在壓力調適上，須要反覆不斷地進行自我檢測。這一點非常重要。

並不是僅僅嘗試過一次，自我調適就結束了。而是要**經歷各式各樣的壓力情境與相應的自我調適法組合，才能提高應對壓力的準確度**。

與此同時，請務必保留檢測紀錄。我建議可以**採取滿分為一百分的評價標準來進行檢測**。

檢測的意義在於，應對某種壓力時只得到四十分的調適方式，應對另一種壓力時也許能拿到八十分。比方說有些人會藉由「喝咖啡」來調適壓力，但如果已經因為壓力而引發胃痛，為了應對壓力而「喝咖啡」，無異只會讓症狀更加惡化。但如果是因為壓力而被氣到頭腦發熱，這時「喝咖啡」就可能達到緩解症狀的效果。

因此不要放棄那些分數低的壓力調適法，或許它們在應對其他壓力時反倒能派上用場。當然也可以通過觀察它們的檢測紀錄，進行更細微的調整。

如此一來，我們就能從許許多多的嘗試中，**找出「這種自我調適可以有效應對這種壓力」**的最佳組合。

在持續應對壓力的過程中，對於那些得分愈來愈低的調適方法，不妨先擱置一段時間，等待效果恢復再使用比較好。

相反地，即便是一開始得分偏低的方法，也有可能在幾度應對壓力之後，擊出漂亮的成績也說不定。

若情況允許，不妨將每一次的檢測過程寫成**「調適成長日記」**。記錄下你所面臨到的壓力，以及針對壓力所使用的調適方法，可以在書末第❿頁備忘錄上一一寫下調適結果、心得和你的評分。

下頁是依據格式寫下的日記範例，提供各位寫日記時參考。

一句話、兩句話都沒關係，試著在每一次的調適過後填滿空白欄位吧。如此一來，當面臨壓力，就能更快速、明確地採取有效的調適方法。請各位在日常生活中多加運用。

花子的調適成長日記

日期	怎樣的壓力體驗？	如何調適？	調適結果與心得	分數
1/15	指導公司後輩工作方式時，後輩卻頂嘴：「我的做法不是這樣。」	當時想到這句話：「哦，我沒差。」就直接對後輩這麼說了。	沒想到後來心裡真的覺得：「真的，我根本沒差。」言語的力量太強大了！	80分
1/17	老媽每星期都要問一次：「還沒遇到不錯的對象嗎？」聽得好煩啊。	試著想像自己養了一隻貓咪。	結果腦海中浮現一直維持單身的自己和貓咪兩人孤單生活的景象，反而變得更沮喪。	20分

太郎的調適成長日記

日期	怎樣的壓力體驗？	如何調適？	調適結果與心得	分數
1/12	公司同事都升職了，只剩下自己。覺得很焦慮。	一個人喝悶酒。每次想紓解工作或生活上的壓力時都會自己去小酌。	每次都去同樣的酒吧，點同一種酒。紓壓的效果好像變差了，而且又很花錢。	40分
1/18	太太不滿地向我抱怨：「都是我在帶小孩。」	陪兒子玩。	要對太太說聲抱歉，之後要好好陪小孩。孩子的力量真了不起。	100分

增加壓力調適清單的技巧

基本上，壓力調適清單要不斷增加。

那些我們可以隨時實踐的調適技巧，不僅有助於日常生活中的自我調適，而且能確實感受到成效。**「自我調適＝自我幫助」**這樣的想法也會愈來愈明確。「那樣做是自我調適」「這樣做也是自我調適」，新的調適方法將會一個接一個在腦海中浮現。

這時為了避免忘記，各位要趕快記在壓力調適清單裡。

就算覺得某些方法看起來沒什麼用，不妨就抱著「沒用也是很正常的啊」的豁達心態，說不定反而會產生意外的效果。反過來說，當你想著「這個方法很不錯」，相當期待且躍躍欲試，結果也可能一點效果都沒有……。總之，只要每天不斷嘗試、不斷累積，壓力調適清單就會愈來愈多。

因此在我眼中，這分清單就像是我們心靈戶頭中**「數字不會減少的存摺」**一樣。

還有一點也很重要，**當你將某個方法或技巧加入了調適清單之後，就絕對不要刪除它**。

就算現在感覺不到效果，等一段時間之後再試試看，到那時可能就有效了也說不定。或者，當你之後再回顧這段過程，會恍然發現那時的自己「真的壓力太大了」，這才發現其實那個方法發揮了很大的作用。

接下來，我還想再介紹一種可以增加壓力調適清單的做法。那就是**「找人聊聊自我調適的話題」**。

我們每個人的內心感受都是有限的。在至今所經歷過的人生，以及人際關係和涉獵的興趣之外的世界，我們所了解的領域其實非常少。

因此我們可以透過與他人的談話，「借用」他們的視野，發現「居然有那種事！」「這應該也有調適的效果！」像這樣覺察到更多自我調適的方法。

而且最棒的是，**和別人聊起自我調適的話題時，感覺非常愉快！**

而且隨著自我調適的意識變得更明確，效果顯著提升，調適清單也愈來愈多時，一定會很想和別人分享。像我就經常和家人及同事朋友聊到我正在進行的自我調適。我去企業講課時，也會讓臺下員工分組發表自我調適的心得，在場不管男員工或女員工，也不分前後輩，所有人都報以相當熱烈的回響。

比方說乍看之下強硬的部長，原來平時還會蒔花弄草。年輕員工意外發現長官的另一面後，紛紛驚喜地說：「我也想來種點花草！」使得站在一旁的強硬部長看起來似乎有點開心。類似的例子其實很多。

關於自我調適的話題，談論自己也好、傾聽別人也好，過程都會讓人感到很愉快。透過這樣能引起共鳴的主題，也可以加深你和對方的理解，增進彼此的關係。

接著你應該會發現：

「談論自我調適這件事本身，就是一種自我調適。」

透過「談論自我調適來進行自我調適」的做法不僅非常有效，同時還能和對方建立起信賴關係，請各位務必一試。不管是朋友、兄弟姊妹或公司同事，任何人都可以。不妨鼓起勇氣主動開口：「你平常都怎麼自我調適呢？」一開始對方可能會有點困惑，所以可以先從你自己常做的調適談起，相信對方也會樂於回應的。

所以，各位讀到這裡，應該就能夠理解我所說的：壓力調適清單就是一本「數字不會減少的存摺」的涵義了，對吧？而且這本存摺的**餘額只會不斷增加**。快來幫你的帳戶儲值吧！

找人一起聊聊自我調適的話題吧！

壓力調適清單就是你的護身符

各位讀到這裡，應該已經取得了足以對抗壓力的自我調適技巧，也已經了解到「問題焦點型」「情緒焦點型」「認知自我調適」「行動自我調適」這類稍微艱澀一點的名詞意涵。其實自我調適一點也不難，**任何人都能在日常生活中隨時實踐。只要明確意識到，自我調適就是一種「自我幫助」，並且在仔細觀察、理解自身的壓力體驗後加以應對，即可有效減輕壓力**。我在前面也提過，為了讓各位在生活中反覆實踐這樣的過程，可以隨身攜帶自己的壓力調適清單。

最後，關於這分清單的效果，請容我用**「專屬於你的護身符」**來形容。

當你手中有一分壓力調適清單，光是想著「遇上突發狀況時看一眼就沒問題」，就能讓你安心不少。既不會過度害怕壓力，也可以保持輕鬆的心情。原本讓你感到痛苦不堪的事物，慢慢地，在面對它時，將不再感到如此受傷。也就是說，你的**「壓**

力耐受度」正在慢慢提升。當然，要做到這一點，就要反覆不斷地自我檢測、感受自我調適的成效，最終讓它真正發揮「護身符」的功能。這不就是自我調適神奇的地方嗎？

話說回來，各位還記得本書第九十頁提到的「細分化」嗎？一一拆解喝啤酒這件事，首先是想像啤酒的風味，接著是手碰到瓶子時的冰涼觸感，還有將啤酒倒進杯裡時發出的聲音、飄出的香氣、呈現的顏色和入喉的暢快感。這些都是我們從飲食、從生活中所體會的各種細節。我也常將泡澡這件事，細分化為不同的自我調適。

所謂細分化，說起來其實就是透過人體的五感去感知生活的各個面向，也就是各位可能都聽過的「正念」。

我們**在第四堂課會詳細介紹正念的內涵與應用**，在此，請各位先記住細分化的概念即可。

COLUMN

扮演某人，
跳脫自己的角色思考！

「試著扮演某人」是一種很特別的自我調適。藉由想像自己若是那個人會如何思考，可以逐步感受到跳脫自我的思考視野。

對象可以是認識的人，也可以是名人。說不定目前讓你苦惱不已的問題，從鈴木一朗選手的角度出發就能找到解答。

虛構的人物也可以。我就經常請診所的諮商者假裝自己是《哆啦A夢》的登場角色。例如「若換作是大雄就不會在意吧」「小夫應該會去打小報告」「會被胖虎打，還是算了」等等。

而且，不限於某個人，你可以準備一分「想要扮演的人」名單。例如「因為一朗對自己相當嚴格很辛苦，我先扮演大雄好了……」，依據壓力類型來扮演適當的對象。當你能夠跳脫自我的視角思考，就會出現意想不到的答案。

chapter

3

請務必嘗試的五種自我調適

嚴選！一定要學會的自我調適

在第二堂課中，我們談到了自我調適本身的意義，以及如何選擇適合自己的自我調適、日常生活中該如何去實踐等等。每個人所面臨到的壓力體驗會因人而異，因此相對地，自我調適的做法也就因人而異。請思考最適合自己的自我調適，然後嘗試實踐它。

不過，在這些調適的方法中，有一種叫做**「萬能選手」**的自我調適，這些調適法不僅適用於每個人、能夠快速實踐且效果絕佳，更神奇的是，CP值（第七十二頁）極高。

因此在第三堂課，我們要從「萬能選手」中選出五種自我調適法進一步介紹，並且深入探討提高調適成效的方法與思考方式。

這些方法包括**「拜託別人」「參考某種形象」「慰勞自己」「發現自己的優點」**，**最後一種是叫做「朋友提問」的角色扮演技巧**。若能夠充分實踐這些方法，自我調適將會是你人生中最令人踏實安心的夥伴。

讓你信任的人搭起你的「心理安全網」

你是否有過這樣的經驗呢？不管遭遇到多麼痛苦的事，只要向某個人傾訴後，心中所有不愉快的感受便會一掃而空。事實上，**對每天努力生活的人們來說，最痛苦的事莫過於「孤獨」了**。找不到可以談話或傾訴的對象、選擇一個人悶著頭承擔的人，將會陷入壓力惡性循環的絕望之中。這也意味著，人活著，就要與他人「互相扶持」。

這種互相扶持，並非單單見個面、聊聊天，或是有狀況時商量事情而已，而是當你覺得痛苦難過，想起沒有住在一起的父母的臉，打從心底感受到的信賴感。有時光是想起摯友或男女朋友，就令人精神為之一振。要是有能夠經常碰面、實際相處並交談的對象，當然是最好的。但真正重要的是，你身邊有**「遭逢變故時可以信賴的人」**。所以接下來，請寫下你覺得生活周遭**「可以信賴的人」**，讓他們成為你的**「心理安全網」**。

有些人一聽到「心理安全網」的說法，或許會誤以為是親密的家人或朋友，便說：「我身邊才沒有這種人！」然而，心理安全網不限於親近的人。就像我們在寫壓力調適清單時所提到的：「量大於質」。有時，**過於親密的人際關係，反而會形成一種羈絆或束縛，讓自己陷入充滿人際壓力的環境中**。根據一項針對低自殺率城鎮進行的問卷調查顯示，低自殺率的主因居然是「人際關係不熱絡」。如此看來，比起身邊只有深刻關係的對象，多結交一些見面就打聲招呼、偶爾閒話家常的人，或許還活得比較快樂。

因此，不妨把那些**「交情淡薄的人」**也加進名單裡吧。舉例來說，每次在路上遇到都會打招呼的人、見面時會站著聊天的左鄰右舍、擦身而過時會微笑致意的人。如同底下一一列舉的對象，你身邊有沒有這樣的人呢？請想想看吧。

「公司的櫃檯人員」「在茶水間遇到的隔壁部門主管」「去吃午餐咖啡廳店員」「好幾年才碰一次面的老朋友」「小孩托兒所裡的保育員」「每天都會在托兒所見面的媽媽們」「家附近的超商店員」「大樓管理員」「偶爾擦身而過的鄰居」「常常經過的那家花店的老闆」……等等。

像這樣仔細一想，腦海中很快就浮現出一些人的臉孔了對吧。

如果想加入名人也可以。尤其是很多男性深深支持的活躍運動員，以及演藝人員，動漫中的虛構角色人物也是重要的心理支柱。

喜歡歷史的人想加入戰國武將也可以，《三國志》中的登場人物可是熱門名單。有些人則會想起過世的奶奶：「每次腦海中一浮現奶奶的臉，就能讓我找回活力。」

也可以是自家的寵物，或是經常在家附近遇到的家犬和街貓。彼此間不須要出聲，內心就已經打了招呼：「嗨，今天又見面了。」**只要那樣的存在能夠成為自己生活中的後援，就是你「心理安全網」的一員**。儘管每一個存在，僅僅在自己的生活中扮演微不足道的角色，可一旦集結在一起，卻能成為內心最強大的後援。而藉由寫下這些人的過程，**就可將你的人際網絡可視化，進而察覺到背後許許多多幫助自己的人們**。

在我的諮商者當中，許多人都有著相當深刻的感受。例如：「因此發現了自己原來受到身邊的人這麼多照顧」「終於了解到我的貓咪原來對我來說是這麼重要」。

下一步，就來搭起你的心理安全網吧！請參考下頁的範例，逐一填寫在書末第⓫頁的備忘錄上。除了前面提過的「交情淡薄的人」，也要確實寫上如父母親或朋友等真正在一旁幫助自己的人。

當然，這分名單平時也請務必隨身攜帶。當你**「感受到壓力」，就可以立刻拿出來瀏覽**。而且，這時腦海中會不自覺浮現出某道身影，並且想著「如果這個人在，肯定會這樣鼓勵我」。光是如此，就已充分發揮了自我調適的效果。

若有必要，你也可以直接去拜託名單上的人。若一開始被拒絕了也不要洩氣，繼續找第二個人、第三個人……直到第四個人，才「終於得救了！」的情況其實也不少。

我的心理安全網

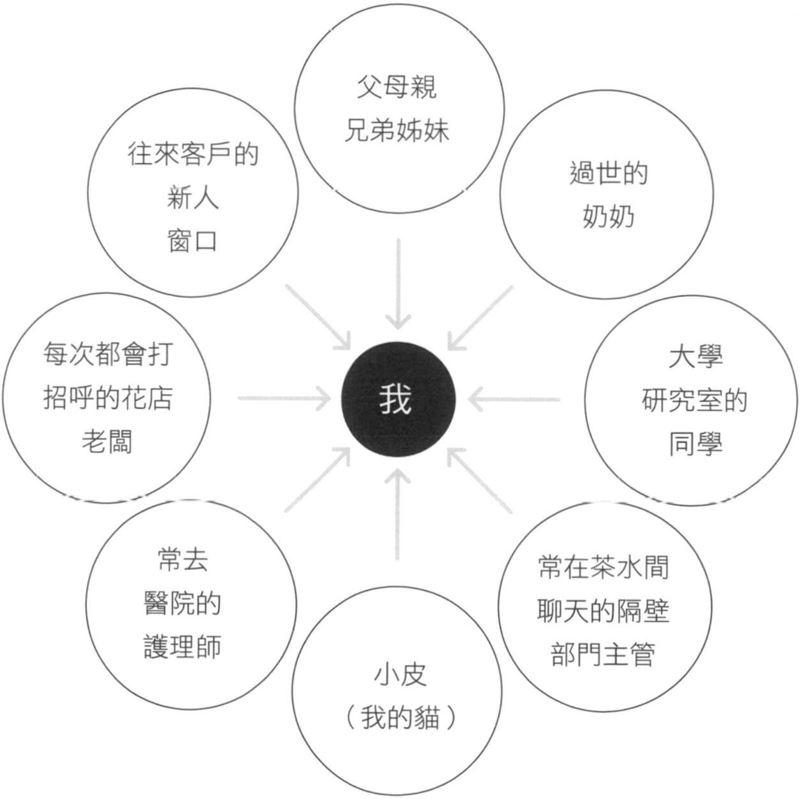
父母親
兄弟姊妹
過世的
奶奶
大學
研究室的
同學
常在茶水間
聊天的隔壁
部門主管
小皮
（我的貓）
常去
醫院的
護理師
每次都會打
招呼的花店
老闆
往來客戶的
新人
窗口
我

建立你的「正面想像」

關於「想像所帶來的自我調適效果」，我們已經舉了很多例子，像是「回憶愉快的旅行」「遙想自己想去旅行的國家」「關注喜歡的藝人」等等。

想像是一種隨時隨地都能實踐、非常簡便的自我調適。**接下來讓我們把這些想像進化，建立起隨時隨地可派上用場的「正面想像」**。

正面想像有著令人**「感到安心」「覺得雀躍」「開心愉快」「覺得振奮」「痛快舒暢」「輕鬆自在」**等特質。沉浸在正面想像時，會覺得自己彷彿人就在那裡，感官也獲得充分釋放。下面為各位列舉出幾個「令人感到安心的正面想像」：

「回到孩提時賴在母親懷裡的時光」「和戀人放鬆地待在房間裡」「躺在度假飯店的大床上」「待在一個巨大的透明泡泡裡在宇宙漂流」「變成鯨魚在海洋

回到孩提時
賴在母親懷裡的時光

那是在我 3 歲或是 4 歲時一個溫暖的春日。在令人懷念的老家沙發上，我坐在母親的膝上，身體慵懶地倚靠在母親身上。母親的感覺好溫暖、好溫柔，我喜歡的毛毯上飄著太陽的味道。母親唱起了某一首搖籃曲，我在那輕柔的歌聲中睡著了。

安心度 80%

裡游泳」「變成小熊和媽媽一起冬眠」……等等。

如果能提前建立這些想像，一旦感受到壓力就可以隨時派上用場。請盡可能建立多一點正面想像，然後全部寫在書末第⑫頁的備忘錄上。寫完之後，也別忘了進行自我檢測，並且將檢測結果分別以百分比記錄下來，作為下一次使用上的基準。關於更多的正面想像介紹，各位不妨參考下頁的範例，慢慢摸索出屬於自己的正面想像。

來點正面想像吧！

感到安心的想像：「變成鯨魚在海洋裡游泳」

你是一頭鯨魚，在蔚藍的海洋裡悠閒地游泳。海面很遼闊，看不到任何可怕的生物。溫熱的海水包覆著你的身軀，時不時，你會聽見夥伴們的歌聲。你浮上水面，露出偌大的背脊。陽光灑落，你溫暖的背脊高高地噴出一道白色水柱，飛濺的水花又快樂地落回你的背上。你稍微探入水面下，最後緩緩地潛進水裡。

覺得雀躍的想像：「去遊樂園」

想像一下屬於你的遊樂園。無論是你去過的遊樂園還是虛擬的遊樂園都可以。最棒的是，今天你包下了這座遊樂園！

接下來，要從哪一種遊樂設施玩起呢？雲霄飛車？使用最新科技的體驗性表演活動？還是小時候最愛的旋轉咖啡杯？你和遊樂園裡最受歡迎的吉祥物合照留念時，天色也漸漸暗了下來，霓虹燈閃閃發光。盡情享受今天吧。

開心愉快的想像：「第一次約會」

今天要和那個超喜歡的人第一次約會（對象是誰都 OK，無論是崇拜已久的對象或其他名人，選出自己喜歡的就好）。那麼，你們要約去看電影呢？還是開車去兜風？然後享用一頓豐盛的晚餐？你仔細地梳整頭髮，穿上喜歡的衣服，前往你們約好碰面的地點。哎呀，早到了一點，但是連等待的時間也很開心。

你遠遠地就看見了那個人的身影。愉快的約會開始嘍。

覺得振奮的想像：「戶外慶典」

又到了每年引頸期盼的戶外慶典季節。原班人馬大夥集合，搭車前往山裡的會場。車子奔馳在山徑間，心情充滿了期待。
抵達會場，深深吸進一口清新的空氣，眺望四周的景致，開始動手搭帳篷。或者是，改到度假飯店住一晚呢？
舞臺上，喜歡的樂團正在表演，場內氣氛也愈來愈熱烈。一起來狂歡吧！

痛快舒暢的想像：「打棒球」

你站在球場的打擊區，現在是九局下半，逆轉比賽的唯一機會。球場內蜂擁的歡呼聲縈繞在你周圍，但是你非常專注，彷彿連汗水滴落的聲音都聽得見。只見投手將手套高舉過頭，使出渾身力氣投出最後一球。是直球？曲球？還是滑球？你的眼睛看見了那顆球靜止的一瞬間，猛力一揮。致勝的一擊！那顆白色的球飛過所有人上方，高高地朝遠方飛去。

輕鬆自在的想像：「在大草原上」

你仰躺在大草原上，觸目所及是綿延的翠綠青草與蔚藍的天空。看起來要進入初夏了。微風輕輕地撫過你的臉頰，鼻尖充斥著青草的香氣。你聽見了什麼嗎？不論是在耳邊響起的音樂，或是側耳傾聽在天際翱翔的鳥鳴聲，感覺都很美好。無瑕的雲朵一片、兩片緩慢地流過眼前，你迷迷糊糊地打起了瞌睡。

試著慰勞自己

我們努力地活在這個世界上，不管是誰，都希望能在疲憊的時刻獲得撫慰。請偶爾給自己一點空間，稍微鬆開手，試著慰勞你自己。因為**你一直以來的辛苦、身上所背負的壓力，最了解這一切的就是你自己**。

「已經很拚了啊」「真是辛苦了」「稍微喘口氣吧？」不妨對自己說幾句話吧。不要光在腦袋裡想，而是要從嘴裡說出來，撫慰的效果更好。

你也可以想像和其他人談話，從對方口中得到了安慰和鼓勵。比方說父母親或過世的奶奶等親友。建議是當你一想到對方，內心就感到很溫暖的對象。**我自己的話，常會想像對方是個性豁達的姆米媽媽（Moominmamma）**。在姆米媽媽溫柔的話語中，心情會不可思議平靜下來，原先的不安也消失了。還有赤塚不二夫筆下天才妙老爹的口頭禪「醬子就好」，真療癒啊。

將這些撫慰的話統統記在備忘錄（書末第⓬頁）上，到時就能依據情境，挑

安慰自己的話

加油啊　真是辛苦你了　太了不起了

一直以來都很謝謝你　你已經夠努力了

沒有人可以做到像你一樣

你做得很好　我知道你很努力

大家都認同你的成果喔　已經很好了

不要太勉強自己　你不累嗎？

你也稍微喘口氣吧？

選出適當的話，然後**以平靜的語調，像是要溫柔地包覆起自身般慰勞自己**。這時還可以把手放在肩膀上，或是輕拍自己的頭，自我調適的效果會更好。

唯一能肯定的是，**我們每個人都須要實際獲得他人的撫慰**。可是，「請安慰我」這種話實在很難說出口，那麼就試著拜託家人或親近的朋友吧。

也可以用手機錄下這些安慰的話語，之後再反覆播放聆聽。我有個諮商者的手機裡，就錄下了像是「辛苦了！」「已經很努力了喔」「不要緊的」等好幾個音檔。

找出「自己的優點」

當一個人總是缺乏自信、總是自我否定，或是眼中只看得見自己的缺點，內心就會累積愈來愈多的壓力。如果你是這樣的人，請試著找出**「自己的優點」**吧。每個人都有優缺點。所以你一定也有很多令人欣賞的優點。

但**如果你是「只看得見自己缺點」的人，請試著將你眼中的「缺點」轉換成「優點」**。好比說「缺乏領袖氣質」的另一面是「與人合作及協調能力佳」；「工作速度慢」是「個性較謹慎」；「固執」是「意志力堅強」；「不夠聰明」也可以說是「性格寬厚」。缺點的反面往往是優點。

透過這些方式，把你找出的「優點」一一寫在備忘錄（書末第⓭頁）上。寫完之後別忘了瀏覽一遍，說不定你會意外地發現：**「其實我也還不錯嘛。」**

此外，**通過結合第三者的客觀視角，也能幫助你探索更多自身的長處**。請試著回想過去曾經收到的讚美：「認真」「主動積極」「溫柔」「很會畫畫」，任

我的優點

認真　拚命三郎　遵守承諾　守時

細心周到　喜歡讓別人開心

不怕生　身邊有支持自己的家人

有很多朋友　很會做菜　愛乾淨

很會做義大利麵　精通歷史

會泡好喝的咖啡　興趣廣泛

詞彙量很豐富

何讚美的話語都可以。就算你覺得「這也能算讚美嗎？」只要帶著一絲肯定，都請列入你的清單裡。關於這一點，也適用「量大於質」的法則。

或者，你可以試著詢問某個人。**從旁人口中聽到自己的優點，也可以讓自己變得更有自信，就像發現了另一個全新的自己一樣感到振奮。**

與此同時，也務必告訴對方「他的優點」。這並非客套話或僅僅是回禮而已，而是一種能夠拉近距離的相互理解。要是你覺得不好意思，不妨多找一些人，彼此互相找出喜歡對方的地方，肯定會十分有趣。

成為第三人，來自「朋友」的提問

最後要介紹的自我調適方法是：**「『朋友』的提問」**。**這是一種假設自己因為壓力向朋友尋求建議的思考過程**。首先，請在腦中設定一位特定人選。建議可以是和自己擁有同樣壓力處境的對象。然後讓那位假想的人選，在腦中與自己對話。

「只有我遲遲沒有升遷」「每天加班到筋疲力盡」「不適應新職場」「在人際關係上吃了很多苦頭」「小孩都不聽話」「沒辦法做家事」……等等。

聽到對方的種種煩惱，你會作何反應呢？肯定是「別擔心」「大家都認同你的努力喔」「你是不是努力過頭了呢」這類讓對方感到溫暖的安慰吧。

人這種生物對自己是出乎意料地嚴格，卻對他人很是寬容。其實，我也會和我的諮商者進行這種角色扮演療法。對方平常明明是自律甚嚴的人，卻突然間開始對腦中的假想對象，說出了極富同理心的溫暖話語。

接下來，繼續進行和假想對象的談話。聽了你的安慰，對方（也就是你自己）

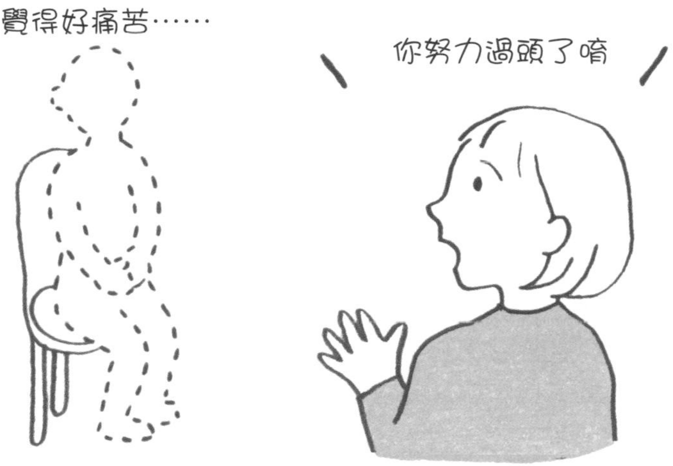

或許會反問：「為什麼會說別擔心呢？」「誰又認同我呢？」「因為大家都很努力啊」。但你還是要以事實為根據來回答。要成為第三者，站在第三方立場和自己對話，態度上就要保持冷靜，並且提出合理的依據分析狀況。**隨著對話來回進行，當對方終於表示理解，你也就理解了。**

與假想的自己談話的人，也就是你所扮演的角色，只要不是你自己都可以。可以是熟識的人、名人、歷史人物……挑選你覺得適合的人選就好。然後你成為第三人，嘗試說出你認為對方會說的話。如此一來，便能擺脫對談者、回答者與自己的色彩，更加從第三人的視角來做出判斷。

COLUMN

放寬你的「應該」與「不應該」

任何人都有作為自己一套「應該」與「不應該」的標準。這是你一路走來所建立的人生觀，要想輕易推翻一點也不簡單。但是，我們是否至少可以稍微放寬那樣的標準？例如你總是將「工作上追求100％完美」，視為你應該要達到的標準，這麼一來你就會過得很辛苦。也許偶爾你可以放過自己，做到70％或80％就好。

不妨一次就好，試著把你的「應該」與「不應該」，轉換成相對性的概念。而要做到這一點，就必須將注意力轉移到周圍的人身上。比方說，在你眼中「遲到是絕對不可容忍的事」，因此你對於遲到大王A先生，總是評價很低。可是從另一個角度看，A先生卻意外受到周遭人的信賴，這可能也會讓你反思：你的「不應該」是不是太嚴格了呢？

單單只是稍微放寬你的「應該」與「不應該」的標準，就能讓你的生活變得更快樂。

chapter

4

接受、感受、放下的正念

正念是最強的「自我調適」

正念就是對「現在・當下」心境狀態的覺察，是一種讓你接受、感受，然後放下的心靈運動。

正念來自巴利語中的佛教用語「Sati」，用中文來說，就是我們常常聽到的「覺察」。儘管正念近年來在日本備受矚目，但其實歐美國家早已經把正念視為一種應對壓力、治療憂鬱症的療法。

當你將正念帶入自己的日常生活，無論遇上好事或壞事，你都可以學會接受事物本來的樣子。

正念可以讓你不再受到各種突發狀況或情感上的折騰，也不再對充滿壓力的環境抱持否定態度。正因為如此，我認為正念就是**「最強的自我調適」**。

在正念中，我們不會對自身的感受或體驗做出任何判斷或評價。

「正念」
嗯，是這樣子啊。
憤怒、焦慮、不安、悲傷……
「正向思考」
一定要向前看！

因此在焦慮的時候，你會想：「嗯，我正在焦慮呢。」面對憤怒的情感時：「嗯，我真的很生氣啊。」悲傷的時候則是：「嗯，我在難過。」

無論處在什麼樣的情緒裡，你只要**以「嗯，是這樣子啊」的態度接受就好**。

人們常常將「正向思考」掛在嘴上，這種思考模式往往是指以積極、正面的態度看待自身處境。然而，正面的對立端就是負面，反而會在你心裡產生**「正面＝好」與「負面＝不好」**的兩極態度。因此，當你哪天無法順利讓心態變得正面，你就會覺得「自己失敗了」，並且陷入負面思考的漩渦之中。

但是，在不做出評價或判斷的正念中，**情感沒有「好」與「壞」的分別**。就只是「存在」而已。然後等待情緒漸漸退去。要注意的是，不是「主動擺脫情緒」，而是「自然地察覺情緒離開」。

看待自己的情緒或情感時，不要區分好壞對錯，只要承認它、接受它就好。讓內心永保中性的狀態，這也是正念之所以是最強的自我調適的原因。

我最常聽到別人告訴我：「有那麼厲害的自我調適，為什麼不早一點分享呢？」但各位必須了解到，**正念「說起來容易，實踐起來卻很難」**。「如實地接受、感受、放下」的說法也非常抽象。

關鍵是，我們心裡要有一個正在觀察自己的「另一個自己」。另一個自己會在一旁觀察自己，「哦，我現在有這種感覺啊」。但是「另一個自己」不會對這些感覺做出任何評價或判斷，僅僅就是好奇地觀察這一切。可能有讀者會說：「我還是不知道該怎麼做。」那麼我必須向這些讀者說聲抱歉。事實上，愈是以言語文字來解釋正念，它就會變得愈發難以理解。

比起試圖先以腦袋去理解，不如直接身體力行實踐。接下來要為各位介紹**「真**

實凝視自己」的練習。內容從「『我感覺』練習」慢慢進入「容器練習」，關注的焦點也會從壓力反應中的認知（自動思考）與情緒・情感，來到身體反應與行動。總共十二項練習，各位不妨都試試看，然後從中找出幾項適合自己的練習，每天持續實踐。

隨著實踐的過程，我們會逐漸掌握正念，發現：**「原來這就是正念！」**並且一點一滴釋放內心的壓力。

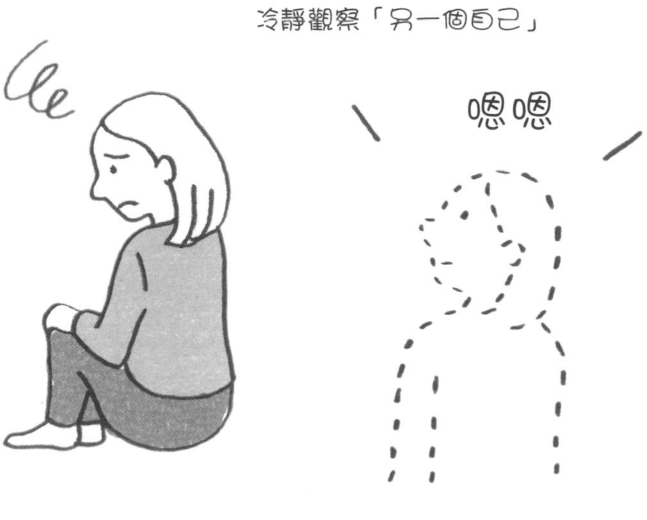

練習一　應對自動思考的「『我感覺』練習」

「我辦不到！」「那傢伙真討厭！」「做再多也不會更好」「都是我在做」……當腦中被這樣的自動思考占據，重要的是，別讓自己一直陷在這些想法當中。所以，**腦中浮現自動思考時，不妨在這些思考的最後加上「我感覺」。**

「今天又被罵了，我受不了了……我感覺」「明明不是我的錯，太過分了……我感覺」「好想離職……我感覺」「我的人生真失敗……我感覺」「上司完全不給我好評價，真差勁……我感覺」「雨天好令人憂鬱……我感覺」「好想結婚……我感覺」「又罵了小孩一頓……我感覺」……等等。

如同前面的範例，把腦中的自動思考轉換成言語文字，然後在最後加上「我感覺」。這麼做就可以讓那些流進腦中的自動思考冷靜下來，也可以讓自己的腦袋重

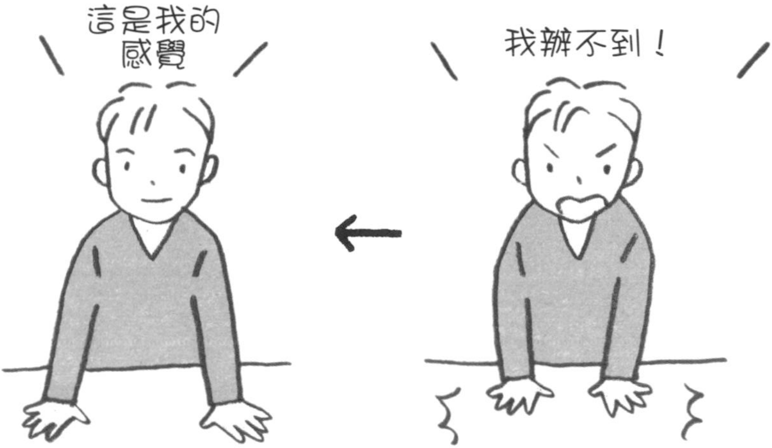

新確認：「現在，我正在想這些事。」

加上「我感覺」之後，可以在接住自己的思考時，不夾帶任何評價或判斷，也不預設立場或目的。少了這些評價和判斷，我們就不會陷在思考裡受苦。

而這種練習對於一個接一個浮上腦海的負面自動思考，也就是**「自動思考的連鎖反應」非常有效**。

每一個「我感覺」「我感覺」「我感覺」，可以讓我們避免掉入負面思考的連鎖反應；而每一次的「啊，現在我的感覺是○○」，都能讓我們在內心的壓力形成前止步。

練習二　在河裡流動的「葉子練習」

這個練習和「『我感覺』練習」一樣，是針對自動思考的正念練習。

想像你的眼前有一條潺潺流動的河川。河道寬廣，河水緩緩流動。這時，好像有片葉子流過河面，一片、接著又一片，間隔一定的距離就流過一片葉子。請牢記以上的場景。

接下來，讓我們稍微將注意力轉到自動思考上。**請將浮上腦海中的話語或場景，一一放在那些葉子上**。每一片葉子上只能放一個自動思考。然後葉子會隨著河水愈漂愈遠、愈變愈小，最終遠離你身邊。過程中**最重要的是，葉子的流動並不是基於你自己的意志**。你只是坐在河岸邊，將腦中的自動思考一個個放上葉子，並且看著它們隨流水漂走而已。持續想像這幕場景是這項練習的「核心」。

不能漏掉任何一個自動思考。即便是和壓力無關的思考，甚至是正面思考都一樣，請統統放上葉子。

舉例來說，我們可以將以下的「自動思考放在葉子上」。

「我又失敗了」（放在葉子上）、「但是，也不能對我說那麼過分的話啊」（放在葉子上）、「話說回來，這條河好像我小時候常去玩水的河」（放在葉子上）、「明天還要去公司，好痛苦」（放在葉子上）、「這條河從以前到現在都是這個模樣嗎」（放在葉子上）、「乾脆辭職算了」（放在葉子上）

就像這樣，連在情緒空隙鑽進來的自動思考——「小時候去玩水的河」，也要放在葉子上。讓自動思考「全都隨水漂走」，這一點非常重要。

練習三　輪流上菜的「迴轉壽司練習」

這是「葉子練習」的另一種版本。請將在水面上緩緩流動的葉子，替換成在迴轉臺上轉動的迴轉壽司。但是餐盤上是空的，因為那裡要放的是你的自動思考。

你坐在迴轉壽司店的座位上，看見一個個白色的空盤子從你眼前經過。和進行葉子練習時一樣，請務必持續想像這幕場景。

然後，把注意力稍微轉移到你的自動思考上，每當捕捉到一個自動思考，就放在眼前的空盤上。看著那個盤子隨著輸送帶迴轉到盡頭消失，向它告別之後，再將注意力轉移到下一個自動思考。

這個練習的訣竅，就是要在腦中保持將思緒放在白盤子上的景象。反覆播放這幕景象的過程中，**通常也能讓原本被負面思考盤據的腦袋冷靜下來（但是，不要試圖「控制」你的自動思考）**。

如果感覺迴轉臺的速度太快，可以試著減緩速度，或是減少盤子的數量。

這種練習有很多版本，你也可以想像在天空流動的雲、工廠的貨物輸送帶、駛過眼前的貨物列車等。**它們的共通點就是：任由自動思考自然消失。**

河流、雲、工廠、貨物列車、迴轉壽司，無論哪一種都可以，只要是你容易想像的景象就好。或者，你也可以想像其他的情境。但總之要盡可能緩緩流動，若流動速度太快，放上自動思考的動作就追不上。

練習四　旁觀「情緒、情感的實況轉播」

前面介紹了「『我感覺』練習」和「葉子練習」等應對自動思考的正念，接下來要介紹應對「情緒、情感」的正念練習。為了不讓自己受困在「情緒、情感」之中，這裡要做的是：「實況轉播自身的情緒或情感」。

這項練習的特色是：**透過百分比來表現自己的情緒和情感**。

以下陳述的內容較長，但還是請各位耐心讀完範例後再展開練習。

「你正在焦慮呢，看這程度應該有七〇％喔。哦？這次也生氣了，大概是四〇％吧。結果焦慮也因此升高到八〇％。唉，焦慮和憤怒基本上就是哥倆好。先是焦慮，憤怒就接踵而來。想到這裡，焦慮變成六〇％，憤怒差不多還是停在四〇％。咦？現在焦慮稍微下滑到五〇％，憤怒也掉到三〇％。但是，忽然感覺到一股悲傷，應該二〇％吧。這三種情緒總是如影隨形……」

各位能夠理解嗎？**只須要將注意力放在「情緒、情感」上，並持續進行實況轉播就好**。如果過程中，各位也像範例中的當事人一樣，突然感受到「悲傷」這種新的情緒或情感，請同樣使用百分比來表達程度。

但是，**絕對不要試圖去控制情感的強弱**。只要專注並持續實況轉播就好。轉播過程中，內心的情感起伏會逐漸減弱，而你只要安靜地旁觀，等待情感或情緒**自然而然消失**。

這項練習同樣也可以應用在正面的情感上。各位可以多嘗試幾次實況轉播，讓心智不再輕易受到各式各樣的情緒或情感左右，恢復原本的安詳平靜。

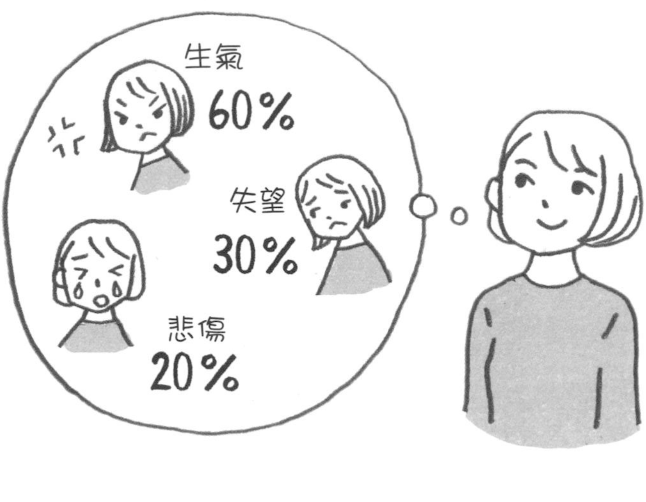

練習五　緊急時刻的「掃地機器人練習」

掃地機器人實在很方便，只要按下開關，就能感應到周圍的垃圾，然後打掃得一乾二淨，可說是懶人家裡的必備品。

這次要介紹的就是「掃地機器人練習」。首先，請在腦中想像一臺掃地機器人。知名的「Roomba 掃地機器人」或其他你熟悉的機型都可以。

你現在正在房間裡。你心想，最好先把房間大致整理過，這樣掃地機器人才方便四處移動。接著，你在整理乾淨的地板上，將內心的壓力全部傾倒出來：包括「今天又被丟了麻煩的工作過來」「那傢伙只會說漂亮話」「下次再發生這種事，我絕對要抱怨」這類的自動思考，還有「焦慮」「憤怒」「悲傷」「嫉妒」等情緒或情感。統統丟在地板上之後，你用目光掃過它們一遍，發現「根本亂七八糟」「居然累積了那麼多嗎」，稍微審視後，你慢慢按下開關！隨後，掃地機器人很快就把「垃

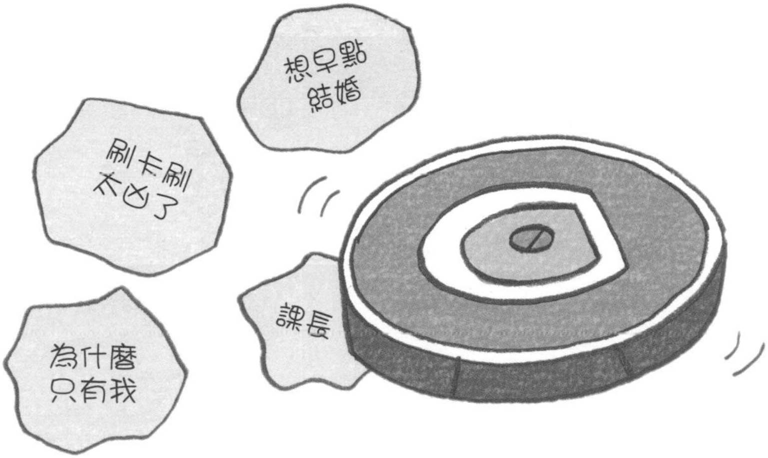

圾」抽吸得乾乾淨淨。

這項練習很**適合應用在『我感覺』練習」和「葉子練習」可能無法處理的大量自動思考，以及一擁而上的情緒或情感上**。不再只是一個一個放上葉子或盤子的漫長過程，而是全數想像成「垃圾」，一口氣全部傾倒散落在地上，最後交給掃地機器人處理。

這項練習的關鍵字是**「全自動」**。因此，你所想像的不是自行操作掃除用具，而是透過和你自身意志全然無關的掃地機器人，隨心所欲清理情緒垃圾的過程。

練習六　另寄放情感的「容器練習」

有時你會面對某些壓力反應，而它們並不總是你可以輕易捨棄的情感。例如與戀人分手、至親過世、忘不了的挫敗經驗等等，那樣的時刻，有著你試圖保留在心中的情感。可是，如今和它們共處的你感到很痛苦。

這裡要推薦你的正念練習是使用「容器」暫時存放情感。

首先，請準備一個容器。可以在腦中想像，也可以實際準備一個。因為可能會裝入大量情感，建議盡量是較大的容器。容器的顏色、形狀、材質則視個人喜好而定。**當你覺得腦中的自動思考或情緒及情感快爆炸、必須想辦法釋放，請將它們灌注在這個容器裡。**最好能想像情感汩汩注入容器的畫面。

容器就擺在那裡。源源不斷注入的自動思考或情緒及情感也在那裡。

重要的是，要是一個沒有蓋子的「容器」。這樣才能在你情緒平復下來之後，確保那些情感的存在：「很好，都還在」，也可以再取出來回味。

如果是有蓋子的容器或附鎖的箱子，就會完全看不見那些你放進去的情感。

容器練習所**應對的是高漲的自動思考或情緒及情感，但這個練習不是要讓它們消失，只是「暫時寄放」**。換句話說，容器其實就是自己的分身。

在心理學中，「容器視覺心像練習」即是一種從過去應用至今的容器練習。

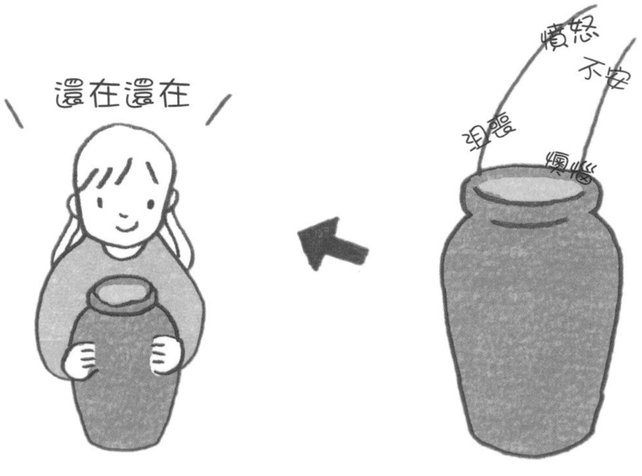

練習七　運用五感的「巧克力練習」

接下來要介紹的，是和身體感覺與行動有關的正念練習。

首先，讓我們將注意力放在「吃」這件事上。在這個練習中，你**只須要將咀嚼食物的每一口徹底細分化，然後去感受吃下那一口食物的感覺**。以下用「吃巧克力」作為範例：

你的手裡有一顆巧克力。「比想像中還硬啊。啊！在手裡變軟了，慢慢在融化。」你繼續觀察它：「上面有品牌的 Logo 呢！仔細一看還有氣泡。」你描述它的香氣：「聞起來甜甜的，是可可的香味吧。」然後你放進嘴裡：「表面冰冰的，但是已經有點融化了。」品嚐它的滋味：「一開始覺得很甜，接著苦味慢慢在嘴裡散開。」你緩緩咀嚼著：「最裡面咬得到軟芯，還聽到喀一聲。」吞下去：「巧克力經過喉嚨時，一股可可的香氣竄進鼻子裡。」最後感受留在嘴裡的餘韻：「舌頭

比想像中的硬，
有點冰冰的？
很甜呢，但是苦味很
快就出來了。
啊，在舌頭上融化
了。
嘴裡都是巧克力的味
道呀……

上還殘留著味道，混合了變得明顯的醇厚感。啊，味道快消失了……」

只不過是吃一顆巧克力，就結合了視覺、聽覺、嗅覺、味覺、觸覺這五種感官體驗。我們在「吃」的過程中，腦中會產生許多自動思考或情緒及情感，請試試看以上的練習，真實地去感受食物的味道。

練習的對象不限於巧克力，任何食物和飲料都可以。就連喝杯水，你也可能會嚐到意想不到的甘甜與溫潤口感，別忘了還有每天吃下第一口飯的滿足感。剛開始練習時可能會有點不耐煩，但是**如果能持之以恆練習，就能透過五感細細品嚐各種感受。**

練習八　讓感官變得敏銳的「觸摸練習」

我們每天都會觸摸各種東西。可是，除非是特別令人印象深刻的觸感，例如摸到很冰或很燙的物品，我們幾乎不會留意到手指的觸感。因此，**這項練習要透過「觸摸」這個動作，讓你充分感受從掌心傳來的觸感與溫度**。

首先，試著觸摸你面前的物品。我現在摸著我的桌子，觸感很堅硬，表面有點冰涼。手繼續放在桌面，好像感覺到自己的體溫，還有木頭材質的柔和質感，以及表面那一層摸起來很滑順的漆。接著我觸摸牆壁。壁紙比想像中粗糙，好像摸到了一個小洞。然後我觸摸我的原子筆。平常寫字時都沒發現，原來筆桿上有個稜角，方便抓握。

不管要觸摸什麼都可以。**除了身旁的東西，也可以試著碰觸自己的身體**。重新感受自己的體溫、肌肉與附著在骨骼上的起伏，還有心臟的跳動。或許你摸著摸著，會忽然覺得自己須要控制一下飲食，但請先將這些想法擺在一旁，專注於觸摸身體時的感受就好。也可以是感受寵物身上蓬鬆的毛髮、別人身上的體溫，或是光著腳走在地上的感覺。

僅僅只是日常中一個「觸摸」的小動作，多幾分留意，便能讓生活充滿各式各樣的感受。

練習九　從喜歡的香氣開始「氣味練習」

我們每天生活中，身邊都會環繞著各式各樣的氣味。有聞起來很舒服的氣味，也有一聞就讓人皺眉的氣味，或是不屬於這兩者的氣味。試著**經由光憑感覺就能走進的氣味世界，一起來進行正念練習吧**。

首先，請準備一種氣味。作為第一次練習，最好是自己喜歡的氣味。以下用薰香來模擬一場氣味練習：

點燃薰香，聞著裊裊升起的香氣。「啊，好好聞」「薰香總是能神奇地讓身心放鬆下來」「這是哪一種香氣？對了，是白檀香」「經過印度雜貨鋪時聞到了這個味道，就立刻買了下來」「內心變得愈來愈平靜」「好像可以來做個冥想」「白檀的木材實際上聞起來是怎樣的味道呢？」「以後真想去印度走走啊」「聞起來真的好舒服」

不知不覺中就自動跑進鼻子裡的「氣味」，讓正念練習變得很簡單。

可以從你喜歡的香氣開始，也可以從大自然與生活中的氣味來覺察正念。

你可以嘗試任何一種氣味。芳香精油、香草、水果、各式各樣的香料、家附近的花園、站在麵包店前面、咖啡、紅茶、酒、榻榻米、香氛品、剛洗好的衣服、曬過太陽的枕頭等等，請盡可能接觸你喜歡的氣味。花園裡盛開花朵的芳香、下過雨後地面的氣味、走在街上從旁邊住宅飄出來的晚飯香氣，慢慢地，你將發現，我們生活中充滿著許許多多的氣味。

練習十　聆聽各式各樣聲音的「傾聽練習」

經過了味覺、觸覺、嗅覺的正念練習，這一次是**以聽覺為主角的「傾聽練習」**。只要側耳傾聽，就會發現日常生活中環繞著各式各樣的聲音。

像是空調聲、隔壁鄰居敲擊琴鍵的聲音、外頭孩子們遊玩的喧鬧聲、車子駛過道路的噪音、鳥鳴聲、風聲，意外地熱鬧對吧。還有我們的呼吸聲、肚子咕嚕咕嚕叫的聲音、嘴巴開合的喀啦聲、咬牙切齒聲等等，我們的身體也會發出各式各樣的聲音。

而且，**這項練習可以在日常中各種不同的情境中實踐**。例如在公司會議上，翻閱資料時的紙張聲、寫白板時發出的聲音、某人清喉嚨的聲音，一一感受每一道聲音的獨特性。如果前往公園或河畔、海邊等大自然場域，耳邊應該會響起風吹動樹木的沙沙聲、流水聲和海浪聲吧。傍晚走在住宅區的街道上，或許你會聽見菜刀咚咚咚敲著砧板的聲音。

此外，隨雨勢強弱的雨聲變化、體格和鞋種造成的腳步聲差異、不同車款的引擎聲也不同。即便是同樣的聲音，不同的聆聽方式也會帶來各種不同感受。

聲音和氣味一樣，會自然而然進入我們的感官，所以非常適合作為正念的練習。**無論是你喜歡的聲音還是討厭的聲音，都不須要做出任何評價，只要將聽見的聲音，單純視為一種聲音去傾聽即可。**這時，內心的雜念就會很神奇地消失了，思緒也會漸漸沉靜下來。閉上眼傾聽，還可以讓自己變得更加專注。但要小心可能就這樣打起了瞌睡。我就常常這樣（笑）。

練習十一　感受空氣進出的「呼吸練習」

所有動物，要生存就得呼吸。反覆地吸氣、吐氣，這動作太過理所當然了，對吧？以至於我們平常根本不會意識到呼吸這件事。接下來要介紹的，正是**透過「呼吸」進行的正念練習**。

在各式各樣的健康療法中，基本上採取的都是「緩緩吸氣，緩緩吐氣」的呼吸技巧。但是在正念中，我們不試圖控制呼吸。**不論呼吸是快或慢、深或淺，都只要如實地接受它就好**。讓我們看看一個例子。

「空氣從鼻子進來了」「涼颼颼的，鼻子深處覺得刺刺的」「腹部微微鼓了起來」「哦，換成吐氣了」「腹部又凹下去了」「再次吸氣，這次吸氣的時間比較長喔」「不只是腹部，胸口也膨脹起來」「換嘴巴吐氣了」「呼吸有點急促，好像有點鼻塞」「說不定快要感冒了」「鼻子吐氣好慢，還是從嘴巴一口氣吐出來比較快」

空氣從鼻子進
來了。
涼颼颼的、
刺刺的，
腹部微微鼓了
起來……

「啊，又吸了一口氣」「我的呼吸聲好吵啊」

專注且反覆確認自己的呼吸，**就像正在「實況轉播」每一次的呼吸歷程。**

此外，為了讓讀者容易理解，我們在前面特別將「感覺呼吸」的過程轉換為文字說明。但各位不一定要做到這一點。只要單純去感受就好，感受空氣通過鼻腔時的觸感與溫度、胸腹的起伏、一口氣吐出肺裡空氣的感覺，以及每一個時刻腦海中浮現的自動思考與情緒、情感。

練習十二　感受身體不同部位的「身體掃描」

如同字面上的意義，這項練習就是要去感受全身每一個部位，就像在接受電腦斷層掃描一樣。**從頭頂到四肢的手指甲與腳趾甲，將注意力依序放在身體的每個部位上**。曾經到醫院接受過斷層掃描的人，應該很容易想像當時的場景。

那麼，讓我們從頭部開始吧。首先掃描你的大腦，仔細感受「腦袋昏昏沉沉的」「睡眠不足頭有點痛」這類身體表現。接著是眼睛，「覺得眼睛好疲倦」「眼皮好重」。再來是鼻子，「鼻子裡癢癢的，是過敏嗎？」然後是嘴巴，「唾液在分泌，表示水分還夠吧」。掃描完頭部之後，來到肩膀，「哇，也太僵硬了！這個週末得去找人按摩一下」。掃描胸部，「上下起伏，呼吸很深沉呢」。接著是腹部，「腹部的狀況很好喔」

像這樣持續掃描其他部位，直到掃描完雙腳的趾甲結束。**對於頭痛、眼睛疲勞、肩膀僵硬等身體症狀，一樣不帶評價單純感受就好。**

在前面的例子中，掃描到肩膀時出現了「想去按摩」的自動思考時，不用打斷它沒關係。但是你可能會繼續冒出「要去哪一家按摩呢」「那家店按得好爛……」等等和掃描完全無關的思考，這時請讓注意力再回到身體上。

這項練習可以隨便從身體的任一部位開始。也可以和範例相反，從腳趾甲慢慢往頭部掃描。身體掃描不僅適合在就寢前進行，站立或坐下時也能進行。

正念就是專注的練習！

以上就是能幫助我們調適壓力的正念練習。

然而，我們在日常生活中，早就習慣了做出各式各樣的評價與判斷。因此要想做到「客觀如實、不帶評價的覺察」，可沒那麼簡單。

畢竟正念的確是一種「知易行難」的心靈運動。

但是，**當你熟悉並習得正念，就不會再害怕或逃避壓力**。好事、壞事在你眼中都是一樣的，你要做的是不帶評價去覺察，讓內心保持在客觀中立的狀態。然後，仔細感受日常的每一天，讓內心常保豐足。**也許我們生活的目標，就是實踐屬於自己的「正念生活」**。

要做到這一點，我們只能反覆不斷專注練習。

書中所介紹的練習，請各位務必每天實踐，並且應用在每一天的生活中。

去感受環繞在身邊的聲音、陽光的溫暖、風的涼爽與寒冷、腳下堅硬的地面和四季的氣味。

當你覺察到每天料理中使用的食材特色、打掃前後周遭氣味與地板的差異、曬足了陽光的衣物的乾爽，你會發現，**連惱人的家事都可以成為一種「正念練習」**。你的世界也將充滿覺知。

最重要的是，**讓正念成為一種習慣**。

只不過，想要覺知生活中的一切，既會耗去你大量時間又相當費神。因此首先，請你從一天當中撥出一點時間練習正念。並且在還沒習慣之前，設定誘因或提醒避免忘記。

我經常要求諮商者掛上一只很大的鑰匙圈。當他們注意到鑰匙圈，「這是什麼？好重。對了，要練習正念。」就能立刻想到，立刻實踐！或是在手機設定鬧鐘，鬧鐘一響就開始練習正念。這些「機關」可以來自你身邊的任何事物。

也可以試著將第二堂課中的壓力調適搭配正念一起進行，以破除你生活中的恐懼迴圈。

COLUMN

正念也要留下紀錄！

如同第九十六頁介紹的調適成長日記，請將實踐正念的過程也一一記錄下來。

關於自己怎麼認知到壓力的存在、如何感受，以及最終釋放它的過程，統統寫下來。不須要每一次都寫，想到時再記錄也可以。

不光是壓力，也務必記錄日常生活中的覺知，像是「切菜時的覺知」，還有「喝水」「打掃」「沖咖啡」時的覺知，什麼都可以。我有一位諮商者，會在每天喝熱牛奶的時候練習正念，並且將喝下的每一口感受都寫下來。各位不妨將你的正念日記，依個人習慣寫在書末第⓭頁的備忘錄上。

留下這些紀錄，並不只是為了日後方便回顧，而是要讓你維持實踐正念的動力，也能有效養成正念的習慣。

正念紀錄

我在喝水。是礦泉水。比起自來水口感更溫和。清新的舒暢感在整個口腔擴散開來，舌頭感覺到甘甜味。水也能是甜的啊。咕嚕咕嚕一口氣喝下肚，通過喉嚨到達胃部。突然覺得肚子裡變得涼涼的……

chapter

5

覺察「基模」，更接近你自己

藏在壓力背後的基模

在第五堂課，我們要談的是認知心理學的一個重要概念：「基模」。

「基模」（Schema）從英語直接翻譯是「圖解、圖式」的意思；在心理學中指的是**「組織大腦記憶中資訊與知識」**的認知架構。

舉例來說，我們過紅綠燈時，並不須要先思考「紅燈禁止通行。好，停下來」，逐一確認號誌顏色的意義後才過馬路吧？那是因為「紅燈停，黃燈小心，綠燈通行」的「號誌基模」早已銘記在我們的腦海中。

事實上，我們擁有數不清的基模，並因而得以安全且有效率地過生活。

就像去餐廳用餐時，我們不會意識到「開門走進店裡、在椅子上坐下、打開菜單點餐」這一連串的動作；排隊時，我們也不是特別基於「插隊很沒有禮貌」的念頭，才自然而然站到隊伍最後頭。這一切都是因為基模在作祟。

也就是說，**基模是為了保護自己、有利生存而形成的認知框架**。

以上是針對基模的簡要說明。

開場白雖然稍顯冗長，但在第五堂課，我真正想讓各位聚焦的課題是，**「早期不適應基模」**。看起來又是一個艱澀的心理學名詞，其實簡單來說就是：**於童年時期（早期）的生活環境發展而成，引發個體苦惱（不適應）的基模**。

例如在父母虐待下成長的孩子，會形成「不能相信任何人」的基模；從小被父母忽略的孩子則會形成「沒有人愛我」的基模。相反地，過度受保護的孩子反倒會形成「不依賴某人就感到很不安」的基模。

這些基模，其實都是人們為了生存下去的產物。比方說，受虐兒童受到「不能相信任何人」的基模影響，會避免自己因為毫不設防就接近他人，讓自己受到更深的傷害。

但是，**當他們帶著這種基模長大成人，就會活得相當痛苦**。社會上有著形形色色的人，其中也有許多值得信賴的人、親切的人和溫柔的人。和這些人建立連結和信任感，同時互相幫助，是我們在這世界上賴以生存的基礎。因此，「不能相信任何人」的人能夠得到幸福嗎？我想答案已經很明顯了。

「早期不適應基模」明明一開始是為了保護自己而形成，卻在長大之後困住了自己。

在**大多數情況下，我們內心的壓力都和這種早期不適應基模（以下簡稱基模）有關。**

即使遭遇同樣的經驗，有些人會感受到壓力，而有些人不會，其中的原因就在於基模是來自個體過去的經驗，是個體與生俱來的行為模式。

例如同樣被對方臨時取消約會，有些人會說：「那就下次再約吧！」並不會放在心上；但有些人會感到很焦慮，心想：「他是不是在生我的氣呢？」「他討厭我了嗎？」原因就在於他們受到了不同基模的影響。

所以，**如果能夠覺察自己的基模，降低它對自己造成的影響，就可以減緩壓力反應。**而這就得靠我們前面所提到的自我調適。

從一六〇頁開始，會一一介紹九個主要的基模種類。

相信各位在閱讀過程中，應該都會讀到忍不住驚呼「這正是我的基模！」的段

落。這時請務必記住基模的名稱。當內在的心理活動有了名字，會更加有助於自身覺察。

找出了自己的基模之後，又該如何進一步應對？這時就要採取我們一直在談的「自我監控」和「正念練習」的技巧（關於這一點，我在書末會談到）。也就是說，第五堂課會對本書做出總結。

接下來就讓我們一起探索基模的世界吧！

基模一　沒有人理解我

我們每個人內心都存在「想被理解、想被愛、想被保護」的情感欲求。童年成長經驗中，來自父母無條件灌注的愛，滿足了我們內心這分欲求。然而也有得不到父母關懷的孩子，會產生**「沒有人理解我」「沒有人愛我」的心理，在缺乏安全感的環境下長大成人，最終形成「沒有人理解自己」的基膜**。

以下是擁有這種基模的人的思考模式：

「大家都無法理解我」「沒有人了解我在想什麼」「沒有人會愛我」「沒有人能保護我」「我好孤獨」「這輩子不可能有真正的朋友」「我就像一隻孤零零的流浪狗」……等等。

也有些人會**在感情上表現出旁人看來過於熱烈或是異常的執著**，並且要求對方

也要回報同樣的愛。這些行動，其實都是基於潛意識中對於「不被理解」的恐懼心理。其中不少人也可能態度轉為冷淡，表現出「自我厭惡」「看吧，果然沒有人了解我」「既然如此，我就先跟你徹底一刀兩斷」這類極端的思考或行動。或者，**開始減少與周遭人的交流，並且和所有人都保持一定的距離**。

這些表現出來的行為反應看似截然不同，其實都是源於「沒有人理解我」的基模而採取的行動。

基模二　沒用的我很可恥

童年時期常被父母罵「你真是沒用」「連這種事都做不好」，或老是被拿來和優秀的兄弟姊妹比較的人，容易形成「生為不良品很可恥基模」。一旦認定「自己就是個沒用的人」，就會在「這樣的我好丟臉」的自我意識影響下形成這種基模。

以下是他們的思考模式：

「和周遭的人比起來，我一點也不起眼」「沒辦法和別人好好交談」「長相也不好看」「老是失敗」「覺得這樣的自己很丟臉」「不想讓大家知道自己的缺點」「不要和別人牽扯太深，就不會暴露自己的缺點了吧」……等等。

擁有這種基模的人，會極力隱藏自身的缺點，也極度害怕失敗，總是試圖掩飾自己的過失。他們往往會擔心一旦暴露出缺點後，別人就不再和自己往來，於是經

生為不良品很可恥基模

常流露出憤世嫉俗的態度，和周圍的人劃清界線。

然而，這種基模也會出現另一種截然相反的行為模式：**過度放大自我**。

例如一說起戰國武將就滿滿自豪口氣的人、和自己稍微有關的工作就宣稱「那都是我做的」一把搶走功勞的人、對於自己的出身和成長經歷感到驕傲的人，說到這裡，你的腦中或許已經浮現出一、兩張熟人的臉了。

這種類型的人，**無論在任何事上遭遇失敗，都會過度感到羞愧**，而且不會再次嘗試或與相關的人往來。言行愈是自滿的人，這種基模愈是在他的內心深處根深蒂固。

基模三　只要自我犧牲就好了

有些人只要一看到別人很辛苦，就想去幫對方扛下重擔。如果這麼做可以解決問題，就會自告奮勇，即使犧牲自己的時間精力也沒問題。

他們明明已經做完了自己分內的事，卻還是加班來幫別人完成工作。各位平常想必都遇過這樣的人吧。乍看之下是職場中難得的無私奉獻精神，但或許只是受到**在各方面都要優先考量他人的「自我犧牲基模」的影響**。以下是這類人的思考模式：

「當然要先考慮對方」「我的事就之後再說吧」「看到大家這麼開心覺得很幸福」「別人的喜悅就是我的喜悅」「看著別人那麼辛苦，我就想犧牲自己的時間去幫他」「為了大家我要更努力！」……等等。

自我犧牲基模的形成，來自於童年時期本來不須背負、卻強加在自己身上的責任。我有個諮商者就擁有這種基模，她的母親在她幼年時開始酗酒。「我一定要讓

媽媽戒酒」「我不能讓這個家庭破碎」「我要努力」……。當其他同齡孩子都在父母親的庇護下快樂成長，她卻已經要扛起支撐一個家庭的責任。因此她始終活在「我得做點什麼」的心態裡，直到長大成人依舊跳脫不出來。

她很擅長照顧別人，要是身邊的人有困難，都會主動上前噓寒問暖。然而時間一長，卻也逐漸形成了「自我犧牲」的心態。所以每當別人向她道謝，她總是擺擺手謙虛地說：「這哪有什麼大不了的」。可是**一旦無法對他人伸出援手時，她就會陷入深深的自責當中**。於是在不知不覺中，她愈來愈覺得身心俱疲。

基模四　少了依賴對象就感到不安

一旦被交辦要負起責任的工作，就會變得畏縮不前；明明是十萬火急的事，卻還是一派輕鬆坐在一旁等待指令。就算只是工作以外的一些瑣碎小事，比方說要看哪一部電影、去哪家店吃午餐，也要別人來做決定。如果要求他們自行下判斷，就會變得焦慮不安，甚至出乎意料地陷入苦惱當中。

這些行為模式都是來自「無能・依存基模」。這類人有著以下的思考模式：

「我是無能的」「我一個人就什麼都做不了」「要扛起責任好可怕」「我的話絕對做不到」「希望有人能幫我決定」「我想在一旁協助別人就好」「我想依照別人的指令做事」「對了，請那個人幫忙好了」……等等。

無能的依存基模，形成於童年時期雙親過度保護或介入的成長環境。當然，我們每個人幾乎都是在父母的保護下長大。但是，那些在「全都交給媽媽來」的過度保護環境下長大的孩子，只會依指令行動，自己無法做出任何決定，最終成了「支配無能、行為無能」的大人。

最終導致，**面對全新的挑戰時畏縮不前、重要工作總是拖到最後一刻，一味說著「我不行啦」，只想趕快尋求他人協助**。

但另一方面，擁有這種基模的人也可能同時感到自我厭惡。「我想要自己決定所有的事！」於是有些人會拒絕周遭人的協助，然後莽撞且毫無計畫地自己做出所有決定。

客人又打來
投訴了
主管怎麼
不快點回來呢～
無能・依存基模

基模五　我是個怪胎

其實「怪胎」有時會被視為一種形容對方很有個性、與眾不同的讚美。但在本質上，他們無法融入人群，也不屬於任何群體。「為什麼我和大家不一樣？」也有為此苦惱不已的人。在自己眼中明明只是再平常不過的舉動，不知為何卻被看成了怪胎。**於是他們開始覺得「這個世界上只有自己是孤獨的」，逐漸與周遭切斷關係。**

這就是**「孤立基模」**。那些宣稱「我是個怪人」的人們當中，不少就是受到這種基模的影響。而在遭到批評前先自行承認這一點，也是這種基模意識的體現。以下是孤立基模的思考模式：

「我是個怪胎」「我是怪人」「為什麼別人都覺得我很奇怪」「為什麼我和大家不一樣」「沒有我的立足之地」「我和這個世界是平行線」「我是孤獨的」「只有我沒有朋友」「為什麼會這樣」……等等。

擁有這種基模的人，往往在聚餐場合上會一個人孤零零地落單，而且沒多久就突然發現，身邊的人都跑去找別人聊天了。

也有人因為覺得自己是「怪胎」而痛苦不堪，只好假裝埋首在自己的嗜好裡。但是他們內心依舊渴望「找到歸屬」「與他人交流」，可能會因此整天沉迷在網路上，甚至成為網路世界的意見領袖。

不過，也有些人只是為了吸引旁人的目光，而刻意表現得特立獨行。這完全沒有問題。但不要只冷淡回應對方：「會嗎？很正常啊。」而要說：「很不一樣吧。」

基模六　絕對要完美

容易累積壓力的人當中，大多數擁有「完美主義基模」。

如果是上班族，對所有工作都會要求完美，全心投入，連休假日都會回公司加班。他們總是皺著眉頭，就像正在被什麼追趕一樣焦慮不休。旁邊的人都覺得他們看起來一點也不快樂。讓我們來看看幾個思考模式範例：

「所有的事情都要做到完美才行」「絕對不能敷衍了事」「應該要做到一百分，只有七十或八十分就沒意義了」「絕對要按流程走」「為了達成目標，犧牲再多都值得」「淨是一些連事都做不好的傢伙」……等等。

本書第一二二頁談到的「應該」與「不應該」又出現了。沒錯，我們眼中的「應該」與「不應該」，和我們在童年時期即確立的基模息息相關。

當然，努力追求完美的精神令人欽佩。但是，**我們不可能將每一件事都做到完美**。如果你眼中只有完美，你就只會注意到自己的不完美，不管實際上收穫多少成果也永遠不會滿足，直到你身心變得筋疲力竭。有時甚至還會走上「要是做不到完美，什麼都別做還比較好」這樣的極端思考。

當你舉起你的完美主義大旗，將矛頭指向他人，情況將會變得更加棘手。你會開始責難那些達不到自己標準的人，窮追不捨地批判，然後被貼上「能幹的討厭鬼」標籤，或許還會因此被同事排擠。也正因為你所說的是正確的，才更加顧人怨。

基模七　反正不可能會更好

擁有「否定・悲觀基模」的人，總是覺得情況會朝最壞的方向發展。他們習慣否定一切事物，嘴上掛著「反正不可能會更好」「反正根本做不到」這些消極的話語，直到**「反正……」成了他們的口頭禪**。

當你看見杯子裡裝著一半的水，你會說「還有一半的水」，還是「只剩下一半的水」？這是很有名的心理測驗。擁有這種基模的人，不用說，當然是後者。而且他們還會繼續悲觀地說：「杯裡的水只會愈來愈少。」可以說是**「愛煩憂」**和**「負面思考」的超強力版本**。讓我們看看幾個思考範例：

「這個社會上充斥著不幸」「人生只有痛苦」「反正不可能會更好」「肯定還會失敗的」「再努力也沒用」「做了也是白費工夫」「直接放棄比較好」「活著一點好事也沒有」……等等。

擁有這種基模的人不論決定做什麼，都會因為否定與悲觀的消極心態，導致進度停滯不前，或遲遲無法行動。

他們提不起興趣挑戰新事物，只冀望維持現狀。可能也曾因為一點小挫折而從此灰心喪志。

只看事情最壞的那一面、腦中浮現的淨是最壞的狀態、什麼事都還沒發生就在那大驚小怪……周遭的人在這種情緒的感染下也會變得很疲憊。

每當遇見充滿幹勁的人，就會丟下一句「反正也是浪費力氣」，澆對方一盆冷水。然而在那些話語的背後，其實隱藏著對於樂觀積極的人們所產生的嫉妒和羨慕心理。

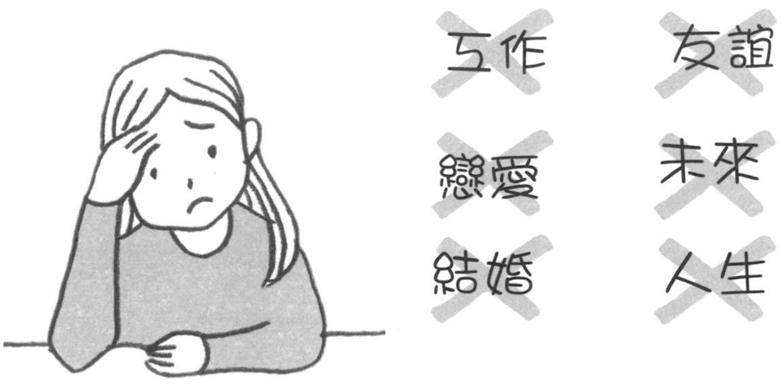

否定・悲觀基模

基模八　我是最特別的！

有些人具有異常強烈的自戀型人格，往往過度期盼他人對自己有特殊待遇，並且視為理所當然。這通常屬於「本大爺．公主病基模」。

擁有這種基模的人往往充滿自信（通常是毫無根據的自信），擺出一副瞧不起人的態度，稍微被奉承幾句就得意忘形。

這類人常常不照規矩行事，一開口就要求特殊待遇，不順自己的心意就氣得暴跳如雷。在餐廳等消費場所常見到的激動客訴型客人，多半就擁有這種基模。以下列舉幾項這類麻煩人物的思考模式：

「我可是萬中選一的人」「我是很特別的人」「我和別人都不一樣」「其他人當然要為我效勞」「我有我自己的生存方式」「別人都應該重視我」「自己利用別人是可以被原諒的」……等等。

各位看了或許也會同意，果然是「本大爺」和「公主」啊。雖然在動漫中也有這樣的角色，但是在現實世界中只會讓人頻頻搖頭。而且這類人在面對部屬或後輩等無法違抗其指示的人時，會採取更高壓的姿態。

這種基模常見於那些童年時期備受父母溺愛、想要什麼都能輕易到手的人。他們一旦少了特殊待遇，就容易失去耐性，然而面對比自己更強勢的對象時，卻又會變得卑躬屈膝。

其實當中大多數人都深受羞恥感束縛。但無論如何，這類型人都是令人頭痛的人物。

基模九　想要更多的讚！

「想要被稱讚」的心態是一種「認同欲求」。所謂「認同欲求」就如同字面上的意義，即是「想要被認同的渴望」。這也是我們每個人與生俱來、再自然也不過的欲望。

這種欲望有時是激勵人們的原動力。例如想被喜歡的人讚美「你好厲害！」於是拚命用功念書；或是在上司一句話「期待你的成果」刺激之下，對這次的專案格外努力。想必不少人都曾有過類似的經驗。近年來，大量網友為了在社群網站上得到更多的「讚」，有愈來愈多人都會想方設法發布創意貼文。不過，一旦做過了頭，**反而會把「他人的評價視為一切」，成為擁有「想要被按讚基模」的人也說不定。**

接下來列舉幾個思考模式範例：

「想被別人認同」「想要更多更多的讚美」「想讓別人知道自己很努力」「想

被認為是厲害的人」「想被尊敬」「想讓人自嘆不如」「少了那些評價，自己就什麼都不是」……等等。

擁有這種基模的人，如果沒有獲得別人的好評，就很容易掉入「我好沒價值」的負面思考中。

獲得讚美自然是很棒的事。可是過度依賴別人的讚美時，「能不能獲得他人認同」會取代你自身的意志和思考，成為你是否行動的基準。也就是說，這種心態會讓你喪失自我。

老是在意旁人的眼光、因為評價時而開心時而沮喪，如此一來，既無法和身邊的人建立起對等的關係，也沒辦法挑戰自己真正想做的事。最終只能不斷尋覓為自己按讚的人，那樣不是活得很痛苦嗎？

在基模中實踐正念！

讀到這裡，各位還能理解嗎？前面所介紹的九個基模（早期不適應基模）中，你屬於哪一種呢？當然，你也可能同時符合好幾種。無論如何，了解到**「這個基模不就是我嗎！」**這一點後，你就能跨出下一步了。

我們每一個人都有基模，只有在程度上的差異而已。這當中，或許有人覺得九種都符合自己的情況也說不定。

基模同時具有自我保護的作用。如果你已經認知到自己的基模，並且認為它是你生存上不可或缺的特質，要維持現狀也完全沒問題。

但是**在大多數情況下，基模會讓人們感到痛苦**。基模會讓人對壓力源過度敏感，進而產生對我們毫無幫助的壓力反應。然後不只是自己，甚至讓身邊的人都疲憊不堪。這也正是「不適應」的意義。

沒有人理解我

孤立

本大爺・公主病

自我犧牲

無能・依存

完美主義

想要被按讚

如果你也因為基模而感到痛苦，就必須採取適當的應對方式。

話雖如此，基模依舊是形塑我們人生很重要的因素，不可能說改變就改變。我們只能逐漸降低它所造成的不良影響，並耐心等候放下的那一刻。

那麼首先，讓我們一起在基模中進行覺察，然後如實地接受它、感受它、放下它。

面對基模，請結合第一堂課的「自我監控（自我觀察）」和第四堂課的「正念練習」，每天保持覺知，實踐正念。

課堂內容在每一個章節都有詳細的介紹與範例，在此就不重複說明。當你感受到基模的活躍，請確實覺察它、觀察它：**「啊，我的基模出現了」「這個自動思考也是基模搞的鬼吧」**，然後全然接受它。這就是正念。捨棄所有的判斷與評價，單純、真實地接受就好。

請務必試著寫下對基模的自我監控和正念練習過程，並且參考下頁的範例（久違的花子小姐與太郎先生再次登場！）寫在書末第⑭頁的備忘錄上。

可以在每天的日常生活中實踐好幾次，以基模為核心，仔細觀察自己的感受，接受其存在。在反覆練習的過程中，也可能創造出新的基模。因此這樣的經驗非常重要。

現在我們已經知道，無論是內心覺得自己沒用也好、覺得孤立無援也好，其實都是基模在作祟。

真正的你一點也不差，你也不是只有自己一個人。正是有這樣的理解之後，才能踏出脫離基模的第一步。

花子小姐的基模觀察紀錄

沒完沒了的工作。雖然主管說 OK，但不知為何還是很在意，總覺得哪裡做得不夠。看來是「完美主義基模」在活躍了吧。一起負責這個專案的後輩已經回家了。這也沒辦法，畢竟她住太遠了。我就連同她的分繼續打拚吧。咦？說不定我也有「自我犧牲基模」啊。

太郎先生的基模觀察紀錄

同事們的小酌聚會沒約我，忽然感到有點寂寞，應該是「孤立基模」出現了吧。不只如此，「沒有人理解我基模」也一起出現了。說到這裡，先前聚會上自己也是一個人孤零零坐在角落。所幸當時透過正念，覺察並接受了自己「我現在覺得孤單」「想被大家接納」的想法，後來心情就輕鬆多了。

讓內在小孩和成人的自己對話

最後要向各位介紹的是，當基模開始活躍，可以有效實踐的自我調適方法。**做法是將自己看成一個「受傷的孩子」，然後再另外想像有一個「健全的大人」，讓這兩個人在自己的內心對話這個方法**。也可以視之為第一二〇頁的「『朋友』的提問」應用篇。

「孩子模式」的你，因為壓力而感到受傷，並且哭泣不止；「大人模式」的你，則是你最忠實的夥伴，能夠理解你、無條件地愛你，然後溫柔地接住你。

其他最親近自己的人應該是父母吧。要是父母不在身邊，請想像你心中理想的父母形象。也可以是理想的親人、理想的戀人等等。關鍵字就是「理想的」。只要是你覺得可以打從心底去理解你的理想的大人，就算是虛構的人物也沒關係。

在內心建立起這兩個模式之後，就讓他們開始對話吧。

請先由大人模式的你開啟對話：「你是怎麼受的傷呢？如實說出你的情感，全然接受它吧。讓我來共感你的痛苦。你真正想要的是什麼？」就像這樣，一步步探詢你內心真實的想法，盡可能填補你正在尋找的缺口。最後讓內心的小孩知道，無論何時你都不孤單。

孩子模式的你的確確受了傷。去理解那個傷，然後承認它、共感它、療癒它，這是長大成人的你要完成的任務。

這樣的對話**不限於在內心無聲對話，在現實生活中進行更有效**。將兩張椅子面對面擺好，一張給「孩子模式」的你，另一張給「大人模式」的你。每次轉換模式時，就起身坐到另一張椅子。不妨試著發出聲音和對方交談，這樣可以體驗到出乎意料的臨場感。

這種模式練習非常有效，我也經常在諮商的過程中採取這個方法。下頁介紹一段對話範例，請各位務必在實踐前先行參考。

「孩子模式」與「大人模式」對話範例

大人模式的你（以下稱大人） 你怎麼了？發生了什麼事？

孩子模式的你（以下稱小孩） 今天在公司又被主管罵了。

大人 為什麼被罵？

小孩 工作上出包了。說是別人都可以準時完成，只有我會拖延。

大人 原來如此。這一定讓你很難受吧。

小孩 我明明已經很努力了，卻總是找我出氣。

大人 他老是罵你嗎？

小孩 對。我想主管很討厭我吧。不光是主管，旁邊的同事看到我被罵也都在嘲笑我。

大人 你看到他們在嘲笑你嗎？

小孩 倒是沒有……可是，之後也沒有人過來安慰我。他們心裡肯定把我當成了笨蛋吧。

大人 為什麼你會這麼想呢？

小孩 為什麼嗎……可能是因為我總是被拿來和很會念書的哥哥比較吧。每次和哥哥比較，我都會覺得自己很沒用，又覺得羞愧難過。今天就和那時候的心情很像。

大人 你對於被拿來和哥哥比較感到悲傷啊。

小孩　嗯。雖然我看起來一副嘻皮笑臉的，其實私底下很難過。

大人　我能夠為你做些什麼嗎？

小孩　我想要你對我說：「你一點也不比別人差，繼續加油！」

大人　你一點也不比別人差，繼續加油！

小孩　謝謝你。光是這樣，感覺就平靜多了。

大人　要不要試著換個角度想想看呢？你的父母親應該也常常會讚美你吧？或許，他們就是希望你繼續加油喔。雖然沒有哥哥那麼厲害，但那正是你一直努力的動力，對吧？

小孩　這麼說起來，他們會稱讚我體育比賽時跑得很快，也說過我很會畫畫，常常鼓勵我……

大人　你的主管呢？

小孩　上一次提出專案企畫之後，主管就在大家面前稱讚我寫得很好。之後還對我說「工作上很細心，幫了他大忙」。

大人　如果他討厭你，那他還會對你說這些話嗎？

小孩　說得也是。我每次只要遭到嚴厲斥責，往往就覺得自己「被對方討厭了」。然後就覺得自己和別人比起來很差勁。看來，這就是我的基模吧。

大人　現在感覺如何？心情上有沒有稍微輕鬆了一點？

小孩　有，輕鬆多了。

大人　覺得痛苦的時候再叫我吧。我會一直陪在你身邊的。

小孩　好，謝謝你！

結語

每天都要進行自我調適

我第一次遇見「自我調適」這個名詞是在研究生時期。我是在一本書上讀到的，書名是《壓力心理學》（暫譯。*Stress, Appraisal, and Coping*）。當時我在研究所攻讀心理學，打算以壓力為主題寫一篇論文。這本書是將調適行為理論推廣至全世界的美國心理學家拉薩魯斯（Richard S. Lazarus）的聯名著作，被譽為調適行為理論的聖經。

在那之後，我就將自我調適作為我的諮商方法沿用至今。在我二〇〇四年開設心理諮商機構之前，我陸續在精神科診所與民間企業從事心理諮商相關工作，算起來已在自我調適領域鑽研長達三十年之久。

這段期間，周遭的環境發生了極大變化。社會與經濟上的變遷加速發展，我們每一個人都背負起比過往更加繁重的工作量與責任，以及自主決策的機會。

另一方面，人際關係在網路社群的普及下變得更趨複雜。

我在每一場諮商、講座和工作坊等活動中，都聽見許多諮商者與學員分享了他們自身所面臨多樣且複雜的壓力。

然而，人類承受壓力的能力並不會因此而提升。於是，杯子裡的水漸漸滿了出來。我們的情感變得一發不可收拾。

正因為人們在生活上過得愈來愈痛苦，近年來，自我調適才會如此受到矚目。

我在書中談過很多次，自我調適其實就是一種**「自我幫助」的技巧**。

我在諮商的時候，並不是從治療方與患者方的立場出發，而是試圖讓諮商者了解如何照顧自己的心理。我的目的是讓人們習得自我幫助的方法。

我們無法勉強自己去忘卻壓力，也不可能將它關在心裡不去面對。我們要做的是好好去感受它、觀察它。然後從壓力本身著手，找出自我幫助的方法。但有時候，光憑自己一個人的力量還不夠，須要「另一個人」伸出援手。這時你可以在腦中想像一個自己以外的對象。

必須再強調一次，**自我調適的「量大於質」**。所以不妨多多發掘適合自己的調適方法（這就像一個人拿手歌曲愈多，在KTV時可以更盡興是一樣的），並且**隨時應用這些方法**。

我將自己從事諮商以來，在自我調適行為的研究精華全都寫進了這本書裡。**書中介紹的各種技巧，相信能夠幫助人們走出生活中所經歷的痛苦感受**。即使目前各位身上背負著各式各樣的壓力，只要一一實踐書裡的練習，肯定會帶來成效。

但是，理論終究是理論。能夠實踐這些理論的還是各位自己。自我調適並沒有所謂的完成或終點，是要**透過每一天反覆感受「當下」的正念練習，覺察內心的壓力，達到自我調適的效果**。

讓正念融入日常生活，不管遭遇什麼事，那些都不會再消耗我們的心神，最終讓我們擁有一顆柔軟平靜的心。

試著理解沉睡在自己內心深處的基模，感受自己為何痛苦，以及哪些話語傷害了自己，然後一步一步放下基模。

這就是自我調適。

自我調適須要各位親自去實踐，同時持續不斷地改善、改良，甚至打掉重練，慢慢摸索出最適合自己的方式。**說不定哪一天你會忽然發現，自我調適已經是你日常生活中不可或缺的存在。**

各位在書中所寫下的所有文字，都是珍貴的人生紀錄，請務必保存下來。然後盡可能與這本書一同反覆閱讀。

接下來，你將能迎來新的覺察。

如果各位能在這本書的陪伴下，過上更美好的生活，就是我無上的喜悅。

後記

如何有效使用這本書？

平時就要「自我調適」

首先要感謝各位耐心讀到最後。整本書讀下來，有沒有任何感想呢？可能有人會說：「原來如此！實踐書中的練習之後，對我很有幫助！」但有人可能還需要一點時間：「唔，總覺得大致上理解了，但目前還不曉得該怎麼做。」無論如何，我衷心期盼各位在覺察自己讀完這本書的感受時，也能**盡量在平時就實踐書中各式各樣的自我調適技巧**。不須要全部都做。像是每天不間斷地將壓力體驗寫在紙上；等紅燈時進行正念的呼吸練習；痛苦的時候和內心的「孩子」對話等等……單單只做其中一項也沒關係（如果奢求一點，做兩項、三項以上自然比只做一項更好。但這只是作者的「奢求」而已）。**若只做一項，請務必每天意識到「你正在自我調適」，並且持之以恆堅持下去**。不管哪一種自我調適都不會立即見效，都是在平時持續不斷地實踐下，才會一點一滴發揮作用。持續做了半年、一年之後，才會逐漸感受到效果：「什麼？和以前不太一樣？」「啊？確實比以前感覺有精神多了」。所以，**持之以恆的實踐才是關鍵**。

覺得辛苦的時候，請複習這本書

我在前面提過，做一項也好、兩項也好，只要平時能夠實踐書中任何一項自我調適，總比什麼都不做來得好。然而當你處在「我陷入人生的危機」「撐不下去就慘了！」這樣的重大困境，不妨轉念一想「正好是複習的時刻」，然後趕快拿起這本書吧。我也會這麼做。**覺得辛苦的時候，就把書中所有的自我調適重新複習一遍，再挑選出其中幾項自我調適反覆練習**。不過在這種時刻，只做一項是絕對不夠的，必須從壓力調適清單裡挑幾項同時進行，才能有效釋放龐大的壓力。事實上，書中介紹的自我調適技巧相當多元化，其中一定有幾項技巧能夠幫你度過這場困境。當然，自我調適中絕對少不了「向他人尋求幫助」。因為你不是只有自己一個人。一面向他人尋求幫助，一面全力自我幫助。**順利度過危機之後，也別忘了給努力的自己一番犒賞與讚美**。

如果覺得有效果，請推薦給需要的人

如同我在前言中提到，心理援助工作者在透過壓力調適，持續實踐自我照顧的同時，可以向前來諮商的對象與尋求支援的當事人說明書中內容，並且一起進行各式各樣關於自我調適的練習，將這本書應用在自己的工作上。自我調適雖然是相當簡單的概念，在傳達上卻須要花點工夫，才能讓所有人都能夠理解。而諮商者或當事人平時也可以善用這些技巧，成為他們生活中調適壓力的後盾。因此不妨再多買一本，當成禮物送給你的諮商對象（笑）。

如果你不是從事心理援助工作，也請向家人、同事、朋友或身邊的人推薦這本書。如此一來，就可以搭起「自我調適的迴圈」。我們在前面提過，不管和誰聊起自我調適的話題，彼此都會感到很愉快。像是一起用餐聊天、近距離站著寒暄的片刻、在車上談話等等，儘管只稍微聊到一些彼此的做法，也會覺得很有意思。「談論自我調適的話題」本身就是一種自我調適。光是看著身旁的人因為自己而知道了「自我調適」，並且在實際操作之後變得更有活力，就會感到相當欣慰。當然，到時也可以再買一本書送給身邊的朋友（笑）。

持續一生的練習

人活在世上就會感受到壓力。因此，為了應對壓力的自我照顧，以及幫助身心達到更好的狀態，**自我調適的知識與技巧是我們須要持續一生的練習**。壓力調適清單累積愈多，面對任何情境都可隨時取用（例如正念中的呼吸練習。因為人只要活著就一定要呼吸……？　笑）。覺得痛苦的時候，「現在可以做哪一種練習呢？」就像這樣對自己提問。總之請試試看吧。然後慢慢地，**「自我調適」會成為你人生中的重要夥伴**。你身邊的每一個自我調適，都將持續守護你的人生。當你想著「我有這麼多名為自我調適的朋友，都在我身邊守護著我」，擁有這個想法本身也是一種自我調適。壓力調適清單上又多了一項！

書籍介紹

寫給想了解得更詳細的人

本書並不是專業書籍，所以會留心極力避免使用艱澀難懂的詞語以及概念，將文章寫得平易近人。可是，應該也有讀者會想更詳細地了解關於本書背景中的理論以及模型。最後我將為這些讀者介紹一些書籍，然後結束本書。雖說是書籍介紹，但全都是我自己所寫的書。我覺得好像有聽到大家在說：「還真是老奸巨猾啊，以宣傳自己的書來總結本書，有夠厚臉皮的。」但我會把這些聲音都放在葉子上隨河水流走，不會在意的（葉子的練習）。那麼，再見了，讓我們在某處再會吧。

認知行為療法

本書的基礎就是被稱為「認知行為療法」的心理療法理論與模型。根據實證顯示，認知行為療法對有關心理健康的症狀與問題很有效，可說是現在全世界最常使用的心理療法。以下書籍推薦給想更詳細、具體了解認知行為療法相關的讀者。

《ケアする人も楽になる認知行動療法入門》（暫譯：讓照護者也輕鬆的認知行為療法入門。Book 1&2。醫學書院）

支援孩子、兒童

我是以從青春期到成年人為對象來寫這本書，但對孩子來說，也是很需要壓力照護以及認知行為療法，而且這兩者都是很有用的。以下的書主要是針對兒童期的孩子為對象所寫，目的和本書一樣，是在提升壓力的自我調適。如果各位想告訴相關孩子們與本書所寫一樣的內容，請務必參考這本書。同時也請和孩子一起去做在這本書中介紹到的練習。

《イラスト版子どものストレスマネジメント——自分で自分を上手に助ける45の練習》（暫譯：孩子的憤怒管理插圖版—能順利自我幫助的四十五個練習。合同出版）

正念與基模治療

在認知行為療法中，至今最受矚目的方法就是正念與基模治療。這兩者對自我調適來說都是非常強而有力的。想更詳細了解的讀者，可以參考以下的書籍。

《ケアする人も楽になるマインドフルネス&スキーマ療法》（暫譯：讓照護者也輕鬆的正念&基模治療。Book 1&2）

《つらいと言えない人がマインドフルネスとスキーマ療法をやってみた》（暫譯：無法說出痛苦的人試著做了正念&基模治療。醫學書院）

這兩本書是以故事組成，能學到正念與基模治療。擁有基模程度深刻傷害的主角，首先透過採行正念而找回了「本心」，其次透過進行基模治療，理解並克服了自己的「生存困難」，這兩本書很生動地描寫出了這些。

《自分でできるスキーマ療法ワークブック》（暫譯：自己就能做的基模治療練習書。Book 1&2。星和書店）

是寫給想正式採行基模治療的人的練習書。話雖這麼說，在做為準備階段的Book1中，介紹了大量在本書中介紹過的自我調適以及正念的練習。

《「心の体質改善」スキーマ療法自習ガイド》（暫譯：「改善心靈體質」的基模治療自學指南。アスクセレクション）

是統整了基模治療概要、如同小冊子般薄薄的一本書。在正式學習基模治療之前，想了解「基模治療到底是什麼？」時，推薦可以看這本書。書中有很多插畫，非常好讀。我自己也會在讓諮商者學習基模治療時推薦這本書給他們。

《スキーマ療法入門》（暫譯：基模治療入門。星和書店）

想知道更專門以及更理論性的基模治療時，推薦各位看這本書。它以簡單易懂的方式統整了構成基模治療的「早期不適應性基模」與「基模模式」理論模型。此外，本書後半部也介紹了適用於各種諮商者的基模治療事例。

5 分鐘檢測你的壓力程度

以下的調查，是針對你的壓力程度所進行的一項簡易自我檢測。依據日本舊勞動省＊委託研究班「作業有關疾患預防之相關研究」所進行的「職業性壓力簡易調查表」，為用於了解職場壓力狀態的評估量表。原本總計 57 道題目，從中挑選出與「壓力反應」有關的 29 道。不僅同時測量心理反應與身體反應，在針對心理反應的題目上，也因應各式各樣的案例進行更詳細的設計。每一道問題只須進行 4 階段評價，作答時間僅約 5 分鐘左右。這分調查的信賴度很高，我也經常在諮商過程中使用。請務必一試。題目的立場與判定方法詳見第❸～❹頁。

＊註：後來與厚生省合併為現在的厚生勞動省。

職業性壓力簡易調查表

關於最近1個月你的狀態，請在最符合的描述上畫○。	幾乎沒有	偶爾會有	經常會有	總是會有
1. 覺得朝氣蓬勃	1	2	3	4
2. 精神飽滿	1	2	3	4
3. 充滿活力	1	2	3	4
4. 覺得憤怒	1	2	3	4
5. 生悶氣	1	2	3	4
6. 覺得焦慮	1	2	3	4

7. 覺得非常疲倦	1	2	3	4
8. 筋疲力竭	1	2	3	4
9. 覺得倦怠	1	2	3	4
10. 精神緊張	1	2	3	4
11. 覺得不安	1	2	3	4
12. 靜不下來	1	2	3	4
13. 覺得憂鬱	1	2	3	4
14. 看什麼都不順眼	1	2	3	4
15. 無法保持專注	1	2	3	4
16. 覺得沮喪	1	2	3	4
17. 工作時容易分心	1	2	3	4
18. 覺得悲傷	1	2	3	4
19. 覺得頭暈目眩	1	2	3	4
20. 身體各處關節疼痛	1	2	3	4
21. 有頭重感的頭痛	1	2	3	4
22. 肩頸痠痛	1	2	3	4
23. 腰痛	1	2	3	4
24. 眼睛疲勞	1	2	3	4
25. 心悸或氣喘	1	2	3	4
26. 腸胃狀況變差	1	2	3	4
27. 食欲不振	1	2	3	4
28. 便祕或拉肚子	1	2	3	4
29. 睡不好	1	2	3	4

關於題目的設計

29 道題目中，題目 No. 1 ～ No. 18 是關於心理壓力反應的提問；No. 19 ～ No. 29 是關於身體壓力反應的提問。心理壓力反應依其測量反應分為 5 類，再加入身體反應共區分為 6 項標準如下：

①活力（No. 1 ～ No. 3）
②焦慮感（No. 4 ～ No. 6）
③疲勞感（No. 7 ～ No. 9）
④不安感（No. 10 ～ No. 12）
⑤憂鬱感（No. 13 ～ No. 18）
⑥身體壓力反應（No. 19 ～ No. 29）

關於判定方法

每道題目的 1 ～ 4 選項，分成「2 個感覺良好」與「2 個感覺不佳」。以題目 No. 1 為例，針對「覺得朝氣蓬勃」的描述，「1 ＝幾乎沒有，2 ＝偶爾會有」為 2 個感覺不佳的回答；「3 ＝經常會有，4 ＝總是會有」為 2 個感覺良好的回答。

統計感覺不佳的作答總數，達到「指定數量」以上即處在壓力狀態。

指定數量如下所示：

心理壓力反應（No. 1 ～ No. 18）
男性 14 個以上，女性 13 個以上
身體壓力反應（No. 19 ～ No. 29）
男性 5 個以上，女性 6 個以上

一旦壓力反應經判定呈現偏高狀態，必須盡早尋求因應方式。

此外，在 6 項壓力反應標準中，①的「活力低下」壓力程度最低；接著程度由低至高依序為②「焦慮感」、③「疲勞感」、⑥「身體反應」和④「不安感」；⑤「憂鬱感」的壓力程度最高，也已出現相關症狀。

下方是總結以上內容的表格：

1. 覺得朝氣蓬勃	1	2	3	4
2. 精神飽滿	1	2	3	4
3. 充滿活力	1	2	3	4
4. 覺得憤怒	1	2	3	4
5. 生悶氣	1	2	3	4
6. 覺得焦慮	1	2	3	4
7. 覺得非常疲倦	1	2	3	4
8. 筋疲力竭	1	2	3	4
9. 覺得倦怠	1	2	3	4
10. 精神緊張	1	2	3	4
11. 覺得不安	1	2	3	4
12. 靜不下來	1	2	3	4
13. 覺得憂鬱	1	2	3	4
14. 看什麼都不順眼	1	2	3	4
15. 無法保持專注	1	2	3	4

16. 覺得沮喪	1	2	3	4
17. 工作時容易分心	1	2	3	4
18. 覺得悲傷	1	2	3	4
19. 覺得頭暈目眩	1	2	3	4
20. 身體各處關節疼痛	1	2	3	4
21. 有頭重感的頭痛	1	2	3	4
22. 肩頸痠痛	1	2	3	4
23. 腰痛	1	2	3	4
24. 眼睛疲勞	1	2	3	4
25. 心悸或氣喘	1	2	3	4
26. 腸胃狀況變差	1	2	3	4
27. 食欲不振	1	2	3	4
28. 便祕或拉肚子	1	2	3	4
29. 睡不好	1	2	3	4

No. 1 ～ No. 18 的 □ 的總數，男性達 14 個以上，女性達 13 個以上，就須注意心理壓力反應。

No. 19 ～ No. 29 的 □ 的總數，男性達 5 個以上，女性達 6 個以上，就須注意身體壓力反應。

備忘錄

步驟1

壓力體驗

（參照第 36 頁）

步驟2

壓力源

（參照第 40 頁）

步驟3

認知（自動思考）

（參照第 44 頁）

步驟4

情緒・情感

（參照第 48 頁）

步驟5

身體反應

（參照第 52 頁）

步驟6

行　動

（參照第 56 頁）

步驟7

步驟 1 ～ 6 歸納總結

壓力源

↑ ↓

認知（自動思考）

情緒、情感

壓力反應

身體反應

行動

（參照第 58 頁）

我的壓力調適

（參照第 87 頁）

花子的調適成長日記

日期	怎樣的壓力體驗？	如何調適？	調適結果與心得	分數

（參照第 96 頁）

我的心理安全網

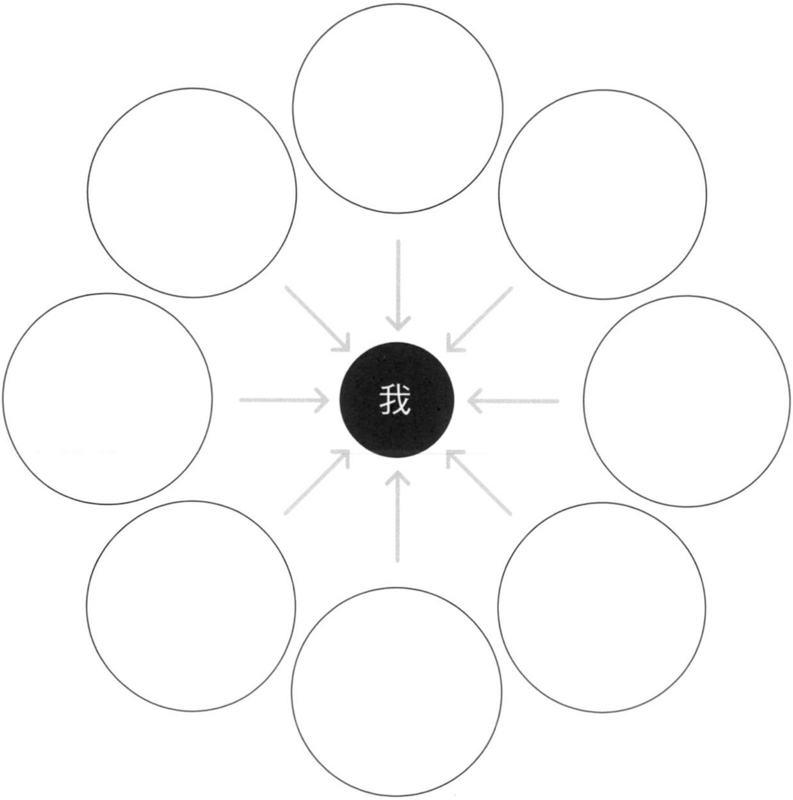

※ 根據個人需要填寫即可。

（參照第 110 頁）

正面想像

度 %

（參照第 113 頁）

慰勞自己的話

（參照第 116 頁）

我的優點

（參照第 118 頁）

正念的紀錄

（參照第 154 頁）

基模的觀察紀錄

（參照第 180 頁）

Note

國家圖書館出版品預行編目資料

壓力自救：運用正念,改變基模,擺脫一切痛苦感受/伊藤繪美著；周奕君譯. -- 初版. -- 新北市：世茂出版有限公司, 2023.11
面； 公分. -- (心靈叢書；20)
ISBN 978-626-7172-61-2(平裝)

1. CST：壓力 2. 抗壓 3. 生活指導

176.54 112013363

心靈叢書20

壓力自救：運用正念，改變基模，擺脫一切痛苦感受

作 者／伊藤繪美
譯 者／周奕君
主 編／楊鈺儀
封面設計／林芷伊
出 版 者／世茂出版有限公司
地 址／(231)新北市新店區民生路19號5樓
電 話／(02)2218-3277
傳 真／(02)2218-3239（訂書專線）
劃撥帳號／19911841
戶 名／世茂出版有限公司 單次郵購總金額未滿500元（含），請加80元掛號費
世茂官網／www.coolbooks.com.tw
排版製版／辰皓國際出版製作有限公司
印 刷／傳興彩色印刷有限公司
初版一刷／2023年11月

ＩＳＢＮ／978-626-7172-61-2
ＥＩＳＢＮ／9786267172650 (EPUB) 9786267172643 (PDF)
定 價／360元